아미 & 영웅시대
팬덤 마인드

아미 & 영웅시대
팬덤 마인드

2025년 4월 25일 초판 인쇄
2025년 4월 30일 초판 발행

지은이 박선민
펴낸이 이찬규 **펴낸곳** 북코리아 **등록번호** 제03-01240호
주소 13209 경기도 성남시 중원구 사기막골로45번길 14 우림2차 A동 1007호
전화 02-704-7840 **팩스** 02-704-7848 **이메일** ibookorea@naver.com
홈페이지 www.북코리아.kr
ISBN 979-11-94299-50-9(03680)

값 15,000원

* 본서의 무단복제를 금하며, 잘못된 책은 구입처에서 바꾸어 드립니다.

FANDOM MIND

박선민 지음

아미 & 영웅시대
팬덤
마인드

북코리아

프롤로그
우리는 모두 누군가의 팬이다

2024년 12월, 대한민국은 갑작스러운 계엄사태로 전 국민이 충격에 빠졌다. 대통령 탄핵을 둘러싼 대규모 시위로 충돌은 불가피해 보였고 국내외 언론은 이 모든 상황을 예의주시하고 있었다. 그러나 모두의 예상과 달리 시위는 전혀 다른 방식으로 표현되었고 이것을 본 뉴욕타임스는 대한민국의 시위를 이렇게 묘사했다.

"시위가 아니라 하나의 축제였다."

과거 시위라 한다면 머리에 띠를 두르고 충돌이 난무하는 심각한 분위기가 대부분이었다. 그러나 대한민국의 위기를 맞아 모두가 나선 시위는 전혀 다른 방식으로 표현되었고 여기에 팬덤들이 발 벗고 나서면서 시위는 하나의 축제로 변화했다.

이들은 케이팝 음악에 맞춰 춤을 추며 탄핵을 외쳤다. 그중에서도 눈에 띄는 건 무대 위에서 시위를 하나의 축제로 변화하게 하는 이들, 바로 팬덤을 경험해본 이들이었다. 개인의 팬심을 넘어 팬덤활동을 통해 기부에 참여하고 사회운동에 목소리를 내봤던 이 땅의 팬들은 모두가 응원봉을 높이 들었고 이 순간만큼은 누구의 팬이라 할 것 없이 모두 하나가 되었다.

대한민국의 팬들은 기본적으로 적극적이다. 자신들이 좋아하는 것, 자신들이 옳다 믿는 것에서는 앞뒤 재지 않고 자신을 던지는 사람들이다. 본능적으로 중앙 1열에 자리 잡는 적극성은 물론이요, 자신이 가진 정보와 재화를 조건 없이 나누는 연대의식이 높다. 길바닥 밤샘은 익숙하며 구호나 함성, 파도타기가 특기인 이들은 자신들의 소중한 '응원봉'을 장착하고 거리로 나와 대한민국의 미래를 외쳤다.

실제로 케이팝의 팬들은 용감하다. 글로벌 팬덤으로 확장되면서 자신의 세계만이 아닌 세계 곳곳에서 다양한 방식으로 그들의 목소리를 냈다. 이전에는 스타를 향한 조공이 대부분이었다면 지금은 스타와는 별개로 팬덤 스스로 나눔 활동을 기획하고 실천하는 문화가 자리 잡았다. 이들은 미국 흑인 인권운동에 맞춰 기부를 하고, 필리핀 독재 통치에 맞서 유세를 했으며, 2021년 '케이팝포플래닛(Kpop4planet)'이라는 세계기후 플랫폼을 만들기도 했다. 국내에서도 숲 보호 캠페인이나 다양한 기부와 봉사를 통해 지역사회를 변화시켜 갔다.

팬덤을 통해 사회 곳곳에 목소리를 내기 시작한 이들은 이제 자신들의 방식으로 발랄한(?) 시위를 한다. 인종차별주의자들에게 케이팝 스팸 비디오를 보내거나 트럼프 재선 유세현장에 입장권 신청을 해놓고 단체로 '노쇼'를 해 세계적 이슈에 한 획을 긋는다. SNS로 자기표현을 하는 데 능한 이들은 생각만 하는 것이 아니라 자신의 생각을 이야기하고 실천하는 팬덤이기 때문이다.

이 책은 이 시대의 가장 적극적인 소비자이자 기획자인 팬덤의 이야기를 담았다. 팬들의 입장에서 이들이 무슨 이야기를 하고 무슨 생각을 하는지 보다 면밀하게 보기 위해서다. 더 나아가 이를 통해 적극적 소비자들의 사고를 제대로 이해하고픈 브랜드 담당자, 연구자, 무엇보다도 덕질이 이해 안 가는 그들의 가족분들에게 조금이라도 도움이 될 수 있지 않을까 하는 생각에서다.

나는 아이돌 1세대 때부터 현재까지 방송과 현장에서 이들을 위한 공연을 기획하고 연출했으며 대학에서 이들을 연구했다. 25년이 넘는 시간 동안 가까이서 본 이들의 성장과 변화는 그만큼 놀라웠고 이들의 세계는 반드시 다뤄야 할 과제가 되었다.

'팬덤 마인드', 책의 제목처럼 이 책은 팬들과의 인터뷰를 통해 어디서도 알기 힘든 이들의 세계를 담았다. 21세기를 살아가는 팬들의 적극성과 그들만의 문화, 그 속에 담겨 있는 삶의 이야기를 담았다. 그 대상으로는 2023, 2024년 갤럽에서 조사한 '올해의 아티스트'를 2년 연속 수상한 두 가수의 팬덤인 BTS의 '아미'와 임영웅의 '영웅시대'를 선정했고 보다 밀도 있는 책의 내용을 위해 이들과 깊이 있는 인터뷰를 나눴다.

MZ세대의 대표 팬덤인 '아미' 그리고 X세대와 베이비부머를 아우르는 기성세대의 대표 팬덤인 '영웅시대'. 이 두 팬덤의 이야기를 통해 대한민국 팬덤들은 어떤 생각을 갖고 있는지, 그들은 무엇에 열광하는지 지금부터 살펴보고자 한다.

목차

프롤로그: 우리는 모두 누군가의 팬이다　　　　　5

1　달라진 소비 방식: 팬덤 마인드　　　13

about 팬, 소비자　　　15

- 15　팬들을 뛰놀게 하라
- 17　추종에서 양육으로, 내 스타는 내가 키운다
- 19　팬은 아티스트와 1대1 소통을 원한다
- 20　덕질의 변천사, 그렇다면 요즘은?
- 23　모델링, 그들을 통해 나를 깨운다
- 24　팬 스스로 팬덤이 되게 하라: 집단지성과 팬덤 파워
- 26　건강한 덕질은 팬을 깨우고 성장시킨다
- 27　팬에도 단계가 있다: 그들의 소비패턴 단계
- 28　팬들은 자신이 뽑은 스타를 사랑한다: TV 오디션 프로그램의 등장
- 32　팬덤의 놀이문화: 팬덤 안에서는 무엇을 생산하고 무엇을 소비할까?

34	팬 문화를 혁명적으로 변화시킨 이것
36	기획사와 팬덤이 함께 돈을 벌 수 있는 시대
37	새로운 직업의 탄생: 팬덤 크리에이터
39	CD 플레이어가 없는 시대, 그들은 왜 음반을 사는가?
42	케이팝 팬덤의 특성

about 가수, 소속사, 브랜드사   45

45	세대의 변화를 인식하라: 10대 팬 중심에서 50~60대 팬까지
47	팬들이 스타에게 원하는 것! 포장 말고 리얼리티, 진정성이 답이다
49	21세기 변화한 남녀상: 부드러운 남자, 배려심 있는 남자 & 당당한 여자, 주체적인 여자
52	스토리텔링의 파워: BTS와 임영웅의 흙수저 신화
55	팬들의 놀이터를 만들어라: 위버스(Weverse)

목차

2. 같지만 또 다른 팬덤 보고서: BTS 팬덤 '아미' vs. 임영웅 팬덤 '영웅시대'   61

MZ세대의 팬덤 마인드
글로벌 시대 연대의 팬덤, BTS '아미'   **63**

- 64   아미의 차별점: 그들은 무엇이 다른가?
- 68   about BTS: 성장하는 아티스트, 신뢰를 주는 아티스트
- 70   BTS의 기록들
- 72   BTS를 향한 수식어들
- 76   BTS의 음악세계: 긍정적 세계관, 건강한 주제
- 77   당신은 어떻게 아미가 되셨나요?
- 82   동일시: 팬들은 자신과 닮은 스타를 좋아한다
- 86   혼자보다는 함께, 아미들의 활동
- 88   스타와 팬은 동등하다: 수평적 관계의 중요성
- 90   팬들을 기획하고 홍보하게 하라
- 91   내 가수 이름으로 통 크게 기부한다, 팬덤 스케일
- 94   무조건적인 추종은 NO! 팬덤은 자신들의 의견을 수용하고 반응하는 가수를 사랑한다
- 99   스토리텔링을 통한 가수와 팬들의 교감

101 덕후의 3대 파워

103 아미들이 말하는 덕.후.예.절.

105 아이돌 덕질의 5대 문화

111 연대가 곧 힘이다. 아.미.파.워.

113 아미가 이룬 기적들: 그들의 사회활동

119 아미를 통해 새롭게 태어난 직업들

122 잠깐, 팬덤에 관한 알쓸신잡

기성세대의 팬덤 마인드
돌봄과 온정의 팬덤, 임영웅의 '영웅시대'　　　　　　　**125**

126 임영웅과 영웅시대

129 임영웅을 향한 영웅시대의 열기, 어느 정도일까

132 당신은 어떻게 영웅시대가 되셨나요?

133 왜 우리는 팬덤활동을 통해 행복을 느끼는가?

136 임영웅의 음악세계

139 임영웅의 스토리텔링

144 21세기 스타의 인기 조건: 신뢰, 진정성, 매력, 윤리

147 트로트를 넘어선 임영웅이라는 장르

150 선택받은 자들을 위해: 콘서트 티켓 전쟁

목차

152 콘서트는 팬덤의 중요한 장:
가수와 팬, 세대와 세대가 하나 된 공간을 만들어라
155 내 가수를 위해 이쯤이야, 급이 다른 시니어 팬덤 파워
158 위로와 공감, 베이비부머 세대를 위로한 그만의 감성과 노랫말
160 좋아하는 것으로 연결된 사람들, 영웅시대
161 스스로 돕고 스스로 배운다, 봇짐 선생님과 배영주 교실
163 이렇게 즐거웠던 적이 있던가, 내 삶의 주인은 곧 나
165 노래가 숨이 되고 삶이 되는 사람들
166 영웅시대의 3대 덕후활동
168 999열차를 잡아라!
169 영웅시대의 3대 문화: 웅민수 템, 웅지순례, 지역방 문화
172 소비를 넘어 세상을 보다: 팬덤 기부운동
175 그들의 진심을 얻어라: 연인의 마음, 엄마의 마음
176 브랜드를 책임지는 회사의 이미지가 중요하다:
임영웅의 소속사 물고기뮤직

에필로그: 21세기, 음악이 변한다, 팬덤이 변한다　　　　179
참고문헌　　　　182

FANDOM
MIND

1. 달라진 소비 방식: 팬덤 마인드

about 팬, 소비자

팬들을 뛰놀게 하라

팬덤은 끝없이 진화한다.

이제 팬덤은 그저 단순한 대중문화의 소비뿐 아니라 콘텐츠 제작과 홍보에도 관여하는 거대집단으로 변모했다. 자신들이 좋아하는 가수의 홍보를 위해 대형 광고회사들을 모아 경쟁 PT를 시키고, 온라인과 소셜미디어 같은 디지털 미디어를 활용하며 그들의 존재감과 사회적 영향력을 유감없이 드러낸다.

가수를 혼자 좋아하던 팬의 마음은 그저 취향에 불과하다. 하지만 여러 팬이 모이는 집단, 즉 팬덤이 되면 이것은 하나의 힘이 된다. 서로의 열정과 정보는 커다란 집단으로써 그 힘을 발휘한다. 말 그대로 한류는 그냥 생겨난 것이 아니다. 가수와 팬덤들이 함께 성장하고 활동하면서 이들의 지지 속에 가수들은 글로벌 스타가 되었다.

이들의 가장 큰 특징은 자발성이다. 팬 스스로 가수를 위해 함께 모이고, 함께 이야기하며 자신들의 즐거움을 나눈다. 누가 시킨다면 도저히 할 수 없는 것들을 해내기 위해 열정만으로 자신들의 시간과 애정을 쏟아낸다. 자신들이 좋아하는 것을 위해 모든 것을 불사하는 집단,

이것이 팬덤이기 때문이다.

어느덧 가수의 성공 열쇠는 팬덤이 되었다. 이제 대중음악 시장은 가수의 실력과 기획사의 기획만으로 성공할 수 없음을 인정한다. '얼마만큼 팬덤을 뛰어놀게 하는가', '얼마만큼 팬덤이 가수들의 편이 되어주는가'에 따라 가수의 성공률은 변화하기 때문이다. 강력한 팬덤을 지닌 기획사일수록 기획 초기부터 팬들이 스스로 뛰어놀 수 있는 환경을 만드는 데 집중한다. 한마디로 팬들을 뛰놀게 한다.

그 대표적 예인 BTS의 팬덤 '아미'는 그들의 노랫말을 각국의 언어로 번역하고 팬아트를 제작하며 글로벌 차트를 위한 다양한 홍보활동을 하는 등 BTS의 성공에 큰 기여를 했다. 다양한 나라의 팬들은 앞다투어 자신들의 재능기부를 통해 자국의 언어로 노랫말을 번역했으며, 좋아하는 가수들의 음악을 각종 차트와 미디어에 나오게 하기 위해 방송국에 전화와 편지를 보냈다. 팬들은 이제 해석의 수준을 넘어 직접 콘텐츠를 제작해 유튜브에 올렸다.

BTS의 소속사인 하이브는 기획 초기부터 팬들이 직접 참여하고 팬들에 의해 완성되는 여러 상징들을 음반과 영상 곳곳에 숨겨놓았다. 팬들은 마치 '숨은그림찾기'처럼 이러한 상징들을 찾고 맞추며 놀이에 임했고, 그러한 단계들을 거쳐가며 적극적인 팬들이 되었다. 과거 모든 기획은 소속사에서 나와 가수에서 완성되었다면 이제 21세기 달라진 기획의 흐름은 처음부터 소속사와 팬들이 함께 기획하고 함께 발전시키며 함께 완성하는 과정을 거친다. 이러한 팬덤과의 긴밀한 과정은 가수들이 국내를 넘어 글로벌 스타로 발돋움하는 토대가 되었다.

임영웅의 팬덤 영웅시대 또한 같은 모습이었다. 과거 아이들의 전유물이었던 팬덤은 이제 자신들이 좋아하는 스타를 위해 당당하게 표현하는 기성세대들의 보람이자 즐거움이 되었다. 이들은 좋아하는 스타를 위해 하루 12시간 이상 음악과 정보를 나누고 각종 차트를 선점하기 위해 클릭하고 '좋아요'를 눌렀다. 팬덤을 통해 취향이 같은 사람들이 함께 모여 이야기를 나누고 자신을 위한 커뮤니티를 형성하면서 이들은 행복해했고 또 다른 사회적 영향력을 행사하게 되었다. MZ에 비해 돈과 힘이 있는 이들은 자신들이 운영하는 카페나 음식점 한 면을 전용 홍보관으로 사용하거나 가수의 이름으로 사회 곳곳에 봉사와 기부를 하는 등 스타에 대한 사랑을 자신들만의 방식으로 보여주었다.

이러한 현상들은 팬에 대한 기존의 부정적 시각을 뛰어넘어 이제는 팬덤이 스타를 지지하고 만들어내는 결정적 집단의 하나임을 반증한다. '팬들을 뛰놀게 하라, 세상이 바뀐다'라는 명제가 입증된 셈이다.

추종에서 양육으로, 내 스타는 내가 키운다

현재 팬덤의 모습은 과거와는 달라도 너무 다르다.

20세기 조용필로 대표되는 오빠 부대에서 열광하던 팬들의 모습은 21세기 들어 스타를 직접 키워내고 양육하는 팬들로 진화했다. 과거 1세대 팬덤이 스타에 대한 충성도 높은 '추종자'였던 것과 비교하면, 2세대 팬덤은 필요에 따라 스타를 향유하며 스스로 '양육'하고자 한다.

스타를 대하는 태도 역시 달라졌다.

기존 팬덤 문화에서의 팬 실천은 스타를 향해 무조건 열광하는 것이었다. 그에 따라 1세대 팬덤은 스타의 모든 행동을 그대로 따라 하고 동일시했다. 그들은 스타에 대한 배타적인 충성과 애정을 보였으며 팬덤 공동체에서 선호하는 해석 방식을 학습해서 스타의 스타일을 무조건 따라 하거나 스타의 행동을 조건 없이 신뢰하는 방식으로 나타났다.

하지만 변화한 팬들은 추종을 넘어 스타를 직접 키우고자 한다. 스타를 탄생시키는 데 일조하며 뒤에서 케어하고 양육하고자 한다. 팬덤 1세대가 추종, 팬덤 2세대가 우상으로서의 스타를 넘어 스타의 성공을 위해 지원하는 '서포트 문화'를 만들어내는 팬덤이었다면, 팬덤 3세대는 기획사와 함께 팬들이 직접 키우고 양육하는 팬덤이 되고자 한다. 스타가 엔터테인먼트 시장에서 생존할 수 있도록 처음부터 함께하는 전략이다.

스타를 키우고자 하는 팬들은 과거에 비해 양적으로 확장된 동시에 주체성과 기획 능력을 갖게 되었다. 방송에서는 국민 프로듀서라는 이름으로 참여의 자격이 주어지고, 가수와 팬들을 둘러싼 문화산업 속에서는 기획자, 유통자, 전략가, 홍보가, 평론가 등으로 존재하게 되었다. 이것은 단순한 소비 능력을 뛰어넘는 팬덤의 위치를 만들었다. 새로운 세대에 나타난 쌍방향 미디어 소비자들의 대표 이미지라 할 수 있다.

중요한 것은 이것이 곧 팬이자 소비자들의 권력 확장이라는 점이다. 팬들의 권력 확장에 따라 스타의 위치도, 스타를 대하는 태도도 전혀 다르게 변화하게 된다. 또한 이에 따라 '심리적 지지'에서 조공문화와 같은 '금전적 지원'으로 바뀌기도 했다.

팬은 아티스트와 1대1 소통을 원한다

과거의 팬들은 소속사를 통해서만 가수와 소통할 수 있었다. 가수를 대표하는 소속사의 이야기는 팬들의 유일한 소통창구였으며 그런 만큼 정제된 이야기, 공식적인 이야기를 듣는 것에 그칠 수밖에 없었다.

그러나 디지털 시대 이후 쌍방향 소통을 할 수 있게 된 팬들은 조금 더 가수와 가깝게 소통하고 그들의 이야기를 듣고자 한다. 팬들은 유튜브를 통해 가수들이 올린 사적인 영상에 열광하며 트위터나 다양한 SNS를 통해 자신들의 이야기를 표현하고 싶어 했다. 그러한 팬들의 요구를 발 빠르게 만족시킨 앱이 바로 팬과 아티스트의 1대1 소통을 가장 편리하게 한 '버블'이다.

소통 앱 버블(Bubble)은 팬들이 자기가 좋아하는 아티스트에게 개인 메시지를 보낼 수 있고 답장도 실시간으로 전달받을 수 있는 구조다. 마치 '카카오톡'처럼 개인적으로 연락하는 느낌이 들기 때문에 가수와 좀 더 친근한 느낌을 갖는다.

이에 대해 한 팬은 "팬들 사이에서 버블 답을 잘해주는 멤버들이 소문나 있다. 콘셉트는 1대1 프라이빗 메시지를 주고받는 거라지만 사실 아티스트에게는 다수의 팬의 메시지가 한꺼번에 오는 방식이다. 개인 이용자들에게만 가수와 프라이빗한 메시지를 주고받는 것처럼 보이는 것뿐이지만, 그럼에도 정성스러운 답장이 오면 기분이 좋기에 유료임에도 구독하는 이들이 많다"고 말했다.

이들이 공유할 수 있는 콘텐츠는 텍스트에 그치지 않는다. 아티스트는 구독자에게 사진, 음성메시지는 물론 동영상까지 전송할 수 있다. 초기 SM엔터테인먼트 소속 가수를 주축으로 구독형 서비스를 시작한 버블은 현재 80개사 아티스트 152팀, 500명에 가까운 가수가 참여하고 있다. 이렇게 팬과 아티스트의 1대1 유료 앱이 큰 인기를 끌면서 이후 '포닝' '위버스DM' 등 비슷한 앱들도 생겨났다.

버블과 같은 1대1 소통형 앱들은 아티스트의 입장에서도 매력도가 높다. 팬덤 관리와 수익화를 동시에 누릴 수 있기 때문이다. 결국 팬덤 콘텐츠는 개인 맞춤형으로 가는 추세다.

덕질의 변천사, 그렇다면 요즘은?

덕질의 방식도 시대에 따라 변천사를 겪었다. 과거 신화, HOT, 젝스키스 등 1세대 아이돌을 좋아했던 팬들은 팬클럽 티를 맞춰 입고 음

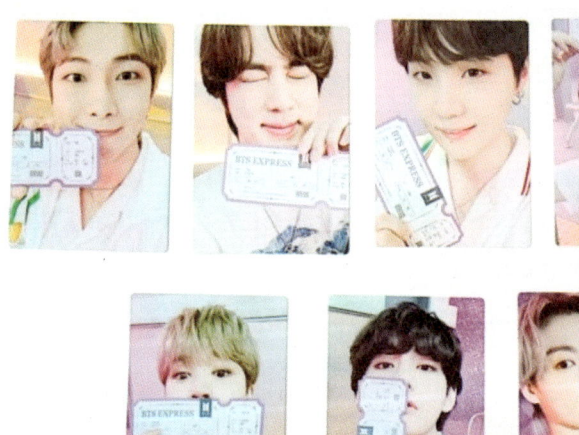

BTS 소우주 포토카드

악 프로그램 공개 방송을 가는 등의 활동을 이어왔다. 그렇다면 요즘의 팬 활동, 덕질은 어떨까? 요즘 세대의 덕질 역시 큰 틀에서 벗어나진 않지만 훨씬 더 다양화되었다.

첫째, 브로마이드 대신 포토카드

과거 덕질 좀 해봤다는 팬들이 좋아하는 가수의 앨범이 나오면 눈에 불을 켜고 찾으러 다녔던 것이 바로 브로마이드다. 가수의 사진이 담긴 A5 용지보다 큰 사이즈의 브로마이드를 손에 넣고자 온갖 음반 판매처나 문구점 등을 돌아다닌 기억, 자기 방 곳곳에 브로마이드로 도배하다 부모님께 혼났던 경험은 그 당시 덕질의 기본 에피소드였다.

하지만 요즘 팬들은 대형 브로마이드보다 일명 포카라 불리는 '포토카드(포카)'를 입수하기 바쁘다. 포카는 명함 크기의 가수 사진으로, 앨범을 사면 카드가 들어 있다. 포카는 덕질의 기본 중 기본이지만 최애 멤버의 포카 획득은 생각보다 쉽지 않다. 앨범 속 포카는 랜덤으로 들어

탑꾸(탑로더 꾸미기)

있기에 원하는 포카를 갖고자 앨범을 몇 장씩 사거나 중고거래에 나서는 팬들도 많다.

몇 년 전 유행이 일었던 다꾸(다이어리 꾸미기)도 포카에 적용됐다. 포카를 담는 케이스를 '탑로더'라고 하는데, 이를 꾸미는 '탑꾸(탑로더 꾸미기)'도 유행이다. 케이스에 온갖 스티커를 예쁘게 붙여 SNS에 인증하는 사진이 넘쳐나고, 유튜브에는 탑꾸 영상들이 공유된다.

둘째, 예절샷은 기본

탑꾸까지 마쳤다면 이를 이용한 '예절샷'도 찍어야 덕질이 완성된다. 예절샷은 탑꾸된 포카를 들고 음식을 먹을 때나 여행을 갔을 때 인증샷을 찍는 행위를 뜻하는 말인데 단어의 유래는 불명확하다. 덕후라면 마땅히 지켜야 하는 예절로서 사진을 찍는다는 의미가 담겼다는 추측도 나온다.

셋째, 귀여움은 필수, 팬 메이드 인형 만들기

과거 팬들에게 브로마이드만큼 인기를 끌었던 게 하나 더 있다. 당시 최고의 인기를 누렸던 가수 조성모가 팔을 괴고 누워 있는 모습의 '조성모 베개'다. 이런 대형 베개도 최근에는 손에 쥐고 다닐 수 있는 작은 사이즈의 인형으로 변했다. 팬들이 직접 아이돌의 외모를 본뜨거나 아이돌을 닮은 동물 모양으로 만든 인형의 도안을 만든 뒤 공동 구매에 나서는 '팬 메이드' 인형이다. 작은 사이즈의 인형을 손에 들고 콘서트에 가서 함께 사진을 찍거나 여행지에서 인증샷을 남기는 것도 애정을 표하는 방법 중 하나다.

팬 메이드 인형 때문에 애를 쓴다는 한 팬은 "팬들은 인형을 구매하는 것도 힘들어 중고거래 사이트에 수시로 들락날락한다. 인형의 털을 정리해주는 인형 미용실도 있다"고 말했다. 어디를 가든 자신의 인형을 통해 스타를 향한 사랑을 표현하는 현대판 팬심이다.

모델링, 그들을 통해 나를 깨운다

내가 만난 많은 팬에게 "당신은 왜 그 스타를 좋아합니까?"라고 물었을 때 나온 공통적인 이야기가 있다. 처음 시작은 '잘 생겨서' '춤이 멋있어서' '공연하는 모습이 매력적이어서' 등 외모나 노래에 관한 이야기가 나오지만 오랜 시간 그들을 사랑했던 팬일수록 그들의 성장요소를 꼽는다. '노력하는 모습이 좋다' '끊임없이 성장하는 가수라서 멋있다' '어려움을 딛고 일어서는 모습에 뿌듯하다'.

이러한 요소들은 팬들이 단지 가수의 음악을 좋아하는 것을 넘어 가수가 성장하는 모습에 호감을 느낀다는 것을 뜻한다. 특히 감수성이 큰 사춘기 소년 소녀들의 경우 스타들의 이러한 모습은 부모보다 더 큰 영향력을 가진다.

요즘의 팬들은 가수들이 베일에 싸인 먼 존재로서의 스타가 아닌 친근한 스타, 내가 동일시하는 스타인 만큼 가수들의 성장은 마치 자신이 이뤄낸 듯한 뿌듯한 감정을 자아낸다. 이러한 스타들의 사회적 성장은 팬들에게 자기 정체성을 형성하는 긍정적 요인으로 작용한다. 한 가수의 음악활동뿐 아니라 사회적인 소외계층들에 대한 목소리를 내거나 그들을 돕는 행위는 팬들에게 그 자체로 선한 영향력을 끼친다. 내가 좋아하는 가수가 사회를 향해 보내는 시선은 곧 나의 시선이 되고, 이를 통해 팬들이 사회적 활동의 첫걸음을 떼기 때문이다.

실제로 가수들의 기부활동은 팬들에게 자부심을 갖게 한다. 사회 흐름에 전혀 관심이 없었던 팬들에게 가수들의 사회활동은 자신이 사랑하는 가수를, 팬덤활동을 긍정적으로 보게 하는 힘이 된다.

팬덤의 경우, 공공 캠페인이나 기부, 환경 운동에서부터 인터넷 규제 등에 대한 항의, 소수자들의 인권 옹호 등에 이르기까지 다양한 능동적 참여를 통해 사회활동을 일상화하게 된다.

그중에서도 국내 팬덤의 경우, 심의제 폐지를 위한 서명운동과 차트 순위 올리기 등과 같은 팬덤의 집단행동은 적극적인 팬 행동주의와 능동적인 참여의 구체적인 예라고 할 수 있다.

팬 스스로 팬덤이 되게 하라: 집단지성과 팬덤 파워

흔히 개인은 집단과의 동일시를 통해 사회 정체성과 자신의 우월성을 확인한다. 사회학자 코헨에 따르면 흔히 개인이 공개적으로 잘난 척하는 것은 우리 사회에서 터부시 되는 반면 자신이 우월한 집단에 속했다는 사실은 자기 우월성을 확인하고 주변에서도 인정받는 방법이라고 한다.

팬 또한 마찬가지다. 요즘의 팬들은 개인적으로 스타를 좋아하지만 자신이 파워를 갖기 위해, 혹은 더 많은 정보와 교류를 갖기 위해 팬덤활동을 시작한다. 실제로 팬과 팬덤은 그 파워가 다르며 스스로의 우월감 또한 상당히 다름을 알 수 있다. 개인의 팬이 막연히 자신을 스타와 동일시하는 데 머물렀다면 팬덤이 된 이후의 팬들은 공동체 활동을 통해 자신이 스타의 이미지에 영향을 미치기를 원한다. 가상공간을 통해 스타와 상호작용을 하고 자신의 텍스트를 생산·배포하면서 집단정체성을 단단하게 형성한다.

특히 팬덤활동을 시작한 이들은 자발적 참여를 통해 의견을 모으고 이를 통해 새로운 집단지성을 발현한다. 소속사도 잊었던 내 스타의 멋진 모습들을 편집하고, 모으고, 데이터화하면서 새로운 콘텐츠를 제작한다. 또한 글로벌 활동이 많아지면서 팬들은 전 세계 문화를 모니터링하고 홍보하며 이에 필요한 번역과 콘텐츠를 자체 제작해 배포하기도 한다.

최근 가수의 위상은 팬들이 얼마나 적극적으로 활동하는가, 홍보하는가에 따라 뚜렷이 달라진다. 이러한 팬들의 집단지성(Jenkins, 2006)과 팬덤 파워는 실제로 스타에게 긍정적 영향으로 돌아오며 적극적 활동에 참여한 이들은 더욱 애정을 나타내는 선순환 구조를 갖는다. 내 시간과 노력을 통해 만든 스타의 인기는 곧 내 인기와 같기 때문이다. 이것은 곧 팬들의 자존심이자 팬덤의 존재 이유이기도 하다.

종종 뉴스에 등장하는 콘서트 후 쓰레기 하나 없는 질서정연한 모습과 다른 가수에 대한 야유 대신 손뼉 치는 매너 등은 이러한 스타에 대한 애정에서 나온다. 진정한 애정은 팬덤의 문화도 변화시킨다.

건강한 덕질은 팬을 깨우고 성장시킨다

아미 A는 팬덤활동 덕분에 원하는 대학에 입학해서 지금은 드라마 PD를 꿈꾸고 있다. 덕질은 학교에서 배울 수 없는 것들을 많이 가르쳐 주었다. 덕질을 통해 누군가를 지속적으로 좋아하는 감정은 풍부한 감성으로 이어졌고, 좋아하는 사람이 하는 모든 일에 자연스레 관심이 생기면서 행동으로 따라 하게 되었다. BTS를 덕질하면서부터 사회나 다른 사람들에 대한 관심도 생기게 되었다.

BTS 멤버들은 다양한 방식으로 사회적 실천을 하기 때문에 A 역시 사고의 폭을 넓히는 계기가 되었다. 원래 동물을 좋아하지 않았지만 멤버 진이 유기견센터에 있는 사진을 보고 동물에 대한 관심을 갖기 시작했다. 또한 멤버 RM(김남준)이 본인의 생일을 맞이해 청각장애인들에게 음악 공부를 시킨다면서 1억 원을 기부하는 것을 보면서, 처음에는 '귀가 들리지 않는 사람에게 음악을 왜 가르칠까' 하고 의구심이 들었지만, 공기의 진동을 통해 음악을 느끼게 한다는 RM의 설명을 듣고 청각장애인에게도 음악교육이 필요하다는 사실을 깨닫기도 했다.

영웅시대 H는 요즘 새로운 삶을 경험 중이다. 과거에는 회사 다니며 애들도 열정적으로 키웠었는데 어느새 애들이 성장하여 다 떠나가고 나니 어디에도 내 자리가 없는 듯해 한동안 우울했다. 세상은 빠르게 돌아가는데 나만 뒤처진 것 같은 생각에 빠져 있을 때쯤 우연히 알게 된 임영웅과 영웅시대는 그녀의 인생을 바꿔놓았다.

인생 처음으로 가수를 좋아하고 팬이 되면서부터 그녀는 모든 생활에 활력이 넘친다. 가족을 위한 일이 아닌 자신이 좋아하는 것을 처음 한다는 그녀는 영웅시대에서 알게 된 '지역방'에 모여 사람들과 함께 음악을 듣고 자신의 생각도 나누게 되었다. 자신을 위로하는 듯한 임영웅의 노래와 함께 그의 기부나 다양한 활동은 그녀를 깨웠다. 어린 시절 꿈꾸었던 봉사나 지역 나눔은 거창한 게 아니라는 사실도 알게 되었다. 이제야 자신의 인생을 산다는 그녀는 영웅시대 멤버들과 함께 근처 지역에 사는 어려운 어르신들에게 도시락 배달을 하고, 영웅시대 지역방 멤버들에게 디지털 교육을 하고 있다.

자신이 좋아하는 취향을 찾아 모인 사람들. 이들은 분명 새로운 인생을 살고 있다. 남을 위해서가 아닌 자신을 위한 삶, 그 작은 발걸음이 인생의 축을 자신에게로 옮겨오고 어느 새 자신을 한 뼘 성장시킨다.

팬에도 단계가 있다: 그들의 소비패턴 단계

감상단계

초기인 감상단계에서 소비자는 콘텐츠 '감상' 정도에만 그친다. 인터넷에서 가수 사진을 무료로 저장하거나 유튜브 시청이나 음악 감상 등을 통해 콘텐츠 소비를 하며, 금전적 지출액은 0에 가깝다.

소비단계

소비자는 팬덤 콘텐츠, 앨범 구매 등 IP 관련 유료 콘텐츠에 소비를 하기 시작한다. 소비자 입장에서 더 많은 콘텐츠를 보기 위해서 일정 비용을 지불한다.

지지단계

소비자가 팬덤 진입의 신호인 심리적 '응원/지지' 단계에 도달하게 됐을 경우로, 다양한 활동에 참여하게 된다. 지지하는 아티스트를 1위로 만들기 위한 각종 인터넷 투표에도 참여하고, 아티스트 앨범 판매 1위를 위해 앨범을 수십 장씩 사기도 한다. 그뿐만 아니라 기념일에는 생일 광고도 진행하며, 아티스트 이름으로 기부를 진행하기도 한다.

콘텐츠 생산 단계

소비자는 아티스트 응원을 하기 위해 시간 혹은 돈을 써가며 콘텐츠를 만들어낸다. 팬아트를 그리기도 하고, 멤버를 소재로 한 창작 소설을 쓰기도 하고, 멤버 사진/직캠을 직접 촬영해 공유하고, 영상 콘텐츠를 짤(Gif)로 만들어 배포한다. 디지털 콘텐츠뿐 아니라 실물 굿즈도 직접 만들기도 한다. 팬들끼리 아티스트 콘텐츠를 같이 즐기기 위한 오프라인 전시회나 영상회를 열기도 한다.

팬들은 자신이 뽑은 스타를 사랑한다: TV 오디션 프로그램의 등장

기획사에서 탄생한 가수가 대부분이었던 20세기를 지나 21세기 들어 새로운 형태의 스타 발굴 시스템이 등장한다. 다름 아닌 TV 오디션 프로그램이다.

2009년 Mnet의 〈슈퍼스타K〉를 시작으로 SBS 〈K팝스타〉, MBC 〈위대한 탄생〉 〈나는 가수다〉, Mnet 〈보이스 코리아〉 등 각 방송사들의 다양한 오디션 프로그램이 인기를 끌면서 오디션은 어느새 새로운 스타 탄생의 관문이 되었다.

기존 스타 탄생의 공식은 소속사에서 만들어진 스타가 데뷔하면 팬들이 열광하는 방식이었다. 스타라는 완성된 상품을 보고 팬들은 자신의 취향에 따라 좋아하거나 스타를 차차 알아가는 형태였다.

그러나 지금의 오디션 프로그램은 공식 자체가 전혀 다르다. 일반인과 다름없는 오디션 프로그램 출연자들의 인간미와 음악 실력, 매력 등을 팬들이 확인한 후 직접 스타라는 상품을 만들어간다. 리얼리티 형성 과정에서 스타와 팬덤이 동시에 만들어지는 구조다. 대부분의 기획사는 스타라는 완성된 상품을 보여주기보다 오디션 프로그램을 통해 스타를 만들어가길 원했으며 이를 통해 팬덤과 스타를 동시에 확보하는 공식을 이루어냈다.

사례1
〈프로듀스 101〉(시즌2)의 워너원

그 대표적 예로 2017년 방영된 Mnet의 서바이벌 프로그램 〈프로듀스 101〉(시즌2)을 들 수 있다. "당신의 소년에게 투표하세요"라는 슬로건을 내세워 시청자 투표로 11명의 데뷔 멤버를 결정하는 이 프로그램은 기현상을 만들어냈다. 시청자들의 적극적인 투표가 이루어졌으며 자신이 마음에 드는 출연자를 위해 주변에 홍보하는 방식도 제각각이었다.

한 커피전문점에서는 특정 연습생에게 투표하고 이를 인증하면 커피를 무료로 받을 수 있는 이벤트가 열렸다. 연습생이 속한 소속사에서 실시한 프로모션처럼 보이지만, 사실 한 팬이 자신의 사비를 들여 개인 비용으로 진행한 홍보였다.

이처럼 〈프로듀스 101〉 온라인 커뮤니티에는 마지막 투표를 앞두고 다양한 후기가 올라왔다. 지인들에게 기프티콘을 보내며 투표를 유도했다는 사연부터 편의점 아르바이트생에게 음료수를 사주고 휴대폰을 빌려 문자 투표를 했다는 이야기까지, 각자 자발적인 홍보 전략을 펼친 팬들의 후기다. 마지막 생방송은 열띤 화제 속에서 총 120만 건의 투표수를 기록했고 이를 통해 신인 그룹 '워너원'이 탄생했다. 이들은 팬들의 지지로 오른 인기를 바탕으로 데뷔 앨범의 초동 판매량만 41만 장에 달하는 대형 아이돌 그룹이 되었다.

이렇게 TV 오디션 프로그램을 통해 뽑힌 신인 그룹 '워너원'은 신인으로서는 이례적으로 서울의 대형 돔 구장에서 데뷔 쇼 케이스를 개최하며 약 2만 개의 객석을 모두 채웠다. 데뷔곡은 음악 방송 15관왕을 차지했으며 2017년 연말 시상식에서는 신인상 및 남자 그룹상 등을 휩쓸었다. 2018년까지 '보이그룹 브랜드 평판 1위' '보이그룹 개인 브랜드 평판' 1위를 차지했으며 '워너원 월드투어 콘서트'의 서울 티켓 6만 석이 10분 만에 매진되는 등 엄청난 규모의 팬덤을 유지했다.

이렇듯 '국민이 직접 뽑는 아이돌'이라는 TV 오디션 열풍은 〈프로듀스 101〉 이후 많은 오디션 프로그램에서 이어졌다. 시청자들을 '국민 프로듀서'로 호명했고 이후 아이돌 음악뿐 아니라 트로트, 댄스, 힙합 등의 오디션 프로그램으로 수많은 스타를 양산했다. 팬들의 직접 투표를 통해 아이돌 그룹이 만들어지고 데뷔하는 시스템의 등장은 과거에는 볼 수 없었던 이례적 사건이었다.

이제 팬들은 심사위원보다 더 파워를 자랑하는 중요한 요소가 되었으며 오디션 프로그램을 통해 탄생한 스타들은 이후 다양한 모습의 스타로 자리매김하며 팬들의 마음을 사로잡았다.

사례2
〈미스터트롯〉의 임영웅

임영웅은 TV조선의 오디션 프로그램 〈미스터트롯〉을 통해 탄생한 가수다. 무명 가수의 노래를 시청자들이 직접 듣고 응원해서 최종 승자를 뽑는 이 오디션 프로그램은 자신이 가수를 직접 뽑고 만들어가는 구조를 가진다. 그런 만큼 자신이 직접 뽑은 가수에 대한 애정은 남다르다. 아무도 모르던 무명의 가수를 오디션을 통해 뽑고 응원하고 키우는 애정은 마치 세상에 처음 나온 자식을 대하는 것과 같아서 더 애틋하고 살갑다.

그러한 덕에 시청자들은 자신의 손으로 선택한 무명가수가 점점 성장해가는 모습을 마주한다. 시청자들은 자신의 시간과 애정을 통해 시청자에서 팬이 되고, 팬은 곧 열혈 팬이 되어 가수를 응원한다. 무명에서 유명한 가수로 성장하는 모습은 마치 자신이 성장하는 듯한 희열을 가져온다. 임영웅은 오디션이 만든 가수라는 점에서 많은 팬들은 그의 탄생을 만든 사람들이요, 진정한 성장형 가수를 만든 원동력이라 할 수 있다.

팬덤의 놀이문화:
팬덤 안에서는 무엇을 생산하고 무엇을 소비할까?

케이팝 스타들은 공식 팬클럽뿐 아니라 다양한 플랫폼을 통해 팬들과 직접적으로 소통하고 있다. 소속사는 팬들에게 특별한 혜택, 이벤트, 독점 콘텐츠 등을 제공해 팬들을 더욱 단단하게 모으고, 아티스트와 팬 간의 유대감을 강화한다. 이는 팬들에게는 독점적인 경험을, 동시에 아티스트에게는 안정적인 팬덤 기반을 형성하는 기초가 된다.

팬덤 문화는 라이브 스트리밍, 팬미팅, 팬아트, 창작물 등과 같은 독특하고 다양한 특징을 보여준다. 이는 단순한 음악 소비를 넘어 팬들과 아티스트 간의 깊은 유대감과 상호작용을 추구하는 케이팝 문화의 핵심을 이루고 있다.

팬아트와 창작물

팬덤은 창작의 영역에서도 독특한 특징을 보인다. 그중 하나인 팬아트는 스타를 소재로 일러스트, 디지털 아트, 조각, 만화, 소설 등 다양한 형태로 나타나며, 아티스트에 대한 애정과 창의성을 표현하는 수단으로 자리 잡았다. 이러한 팬아트는 디지털 아트, 수채화, 유화, 펜 일러스트 등 다양한 미술 기법 등으로 제작되며 스타들의 초상화부터 상징적인 이미지(앨범 커버, 안무 장면)까지 다양한 주제를 다룬다.

또한 팬들은 특정 노래, 뮤직비디오(이하 뮤비) 장면, 입었던 의상이나 중요한 순간들을 재해석하기도 하며 아티스트의 노래를 리믹스하거나 뮤비에 리액션하는 등의 창작물을 생산해 유튜브에 올린다. 이러한 팬아트와 다양한 창작물들은 SNS를 중심으로 공유되고 확산되며, 팬들

간의 상호작용과 아티스트에 대한 사랑 등을 표현하는 팬덤 문화의 중요한 활동이 된다.

팬들은 트위터, 인스타그램, 텀블러와 같은 SNS를 통해 자신의 작품을 공유하며, 해시태그(예: #BTSFanart)를 통해 다른 팬들과 소통한다. 간혹 팬아트 전시회가 온라인 또는 오프라인에서 열리기도 하며, 이를 통해 팬들과 교류한다.

팬픽션(Fanfiction)

팬픽션은 스타를 등장인물로 한 소설이나 이야기로, 팬들이 직접 쓰고 공유하는 문학작품이다. 보통 팬들은 스타들의 진짜 성격이나 관계를 바탕으로 다양한 이야기를 창작한다. 흔히 팬픽션은 로맨스, 드라마, 판타지, SF, 액션 등 다양한 장르로 나뉘며 주제는 멤버들 간의 우정, 사랑, 갈등, 성장 등을 다룬다. 그런 만큼 실제 상황에 기반한 이야기부터 완전히 상상 속의 세계에서 펼쳐지는 이야기까지 다양하다.

팬픽션은 온라인 플랫폼에서 주로 게시되며, 아오삼(AO3: Archive of Our Own), 왓패드(Wattpad), 텀블러(Tumblr)와 같은 웹사이트에서 활발히 공유된다. 팬픽션 작가들은 텀블러, 트위터 등의 SNS를 통해 팬들과 소통하며, 피드백을 받고 의견을 나눈다. 독자들은 좋아하는 팬픽션을 추천하거나 직접 리뷰를 남기기도 한다.

이처럼 팬아트와 팬픽션은 단순히 스타를 소비하는 것이 아니라 팬들이 그들의 음악과 메시지에서 받은 감동과 영감을 창의적인 방식으로 표현하는 도구다. 이러한 창작물들은 팬들 간의 소통을 활성화하고, 더 깊은 팬덤 문화를 형성하는 데 기여한다. 특히 글로벌 팬들이 각자의 문화적 배경을 바탕으로 창작물을 공유하면서 팬덤 간 문화는 더욱 풍부해졌다.

아미들은 온라인을 통해 글과 이미지를 올리거나 특정 이슈에 대한 의견을 주고받으며 정보를 공유하는 공동체 차원의 정보 생산을 한다. 이러한 정보공유 행위를 통해, 팬은 개인으로서 자신의 정체성을 확인하고 공동체 구성원으로서 공동체 담론을 구성하기도 한다.

팬의 정보공유 행위는 댓글을 올리거나 리트윗, 멘션 등을 달면서 의견을 표시하는 일상적이고 반복적인 '소극적인 정보공유' 행위에서부터, 글이나 이미지, 영상 등의 콘텐츠를 직접 게시하거나 제작하면서 정보를 생산하여 특정 플랫폼에 올리는 '적극적인 정보공유' 행위에 이르기까지 상호작용을 기반으로 한 다양한 커뮤니케이션 행위를 포함한다.

팬 문화를 혁명적으로 변화시킨 이것

현대판 팬덤의 등장은 이것을 빼놓고는 이야기할 수 없다. 이름하여 디지털 기술의 등장!

디지털 기술이 베이스가 된 웹과 앱의 등장, 쌍방향 소통의 방식은 팬덤활동과 팬 문화를 혁명적으로 변화시켰다. 인터넷 이전의 팬 활동은 주로 정기적인 만남이나 팬 잡지를 중심으로 이뤄졌기 때문에 팬덤의 소통 방식에서 시공간적 한계를 지닐 수밖에 없었다.

과거 팬들은 또래 집단을 기반으로 한 팬 개인 사이의 관계를 통해 공동체를 형성했다. 거주지역을 중심으로 지역별 팬클럽이 형성되는 경우가 대부분이기 때문이다. 팬이 공동체를 구성하기 위해서는 취향을 공유하고 즐길 수 있는 자신들만의 공간이 필요한데, 그 공간이 또래 집단이나 지역 공동체였던 셈이다.

반면 인터넷 미디어가 발달한 이후에는 웹 커뮤니티가 지역 공동체를 대신했다. 웹 커뮤니티는 지역 중심의 한계적 공간에서 지역과 계급을 넘어선 무한의 가상공간으로 자리한다. 국내뿐 아니라 해외의 팬들이 함께 모일 수 있으며 다양한 사람들이 취향을 기반으로 모이는 유토피아적인 공동체가 형성 가능하게 되었다. 또래 집단과 지역을 중심으로 형성되던 연결은 웹을 통해 전국으로, 해외로 퍼지게 되었다. 웹상에서의 만남은 비교적 친밀한 연대를 구성해 오프라인과 온라인 중심의 친목, 집단을 만드는 '팬 문화'로 이어졌다.

인터넷은 사실상 팬 활동의 시공간적 제약을 걷어냈고, 웹 커뮤니티 사이트들을 중심으로 보다 즉각적이고 광범위한 커뮤니케이션을 가능하게 만들었다. 소통은 인터넷을 통해 편해졌고 빨라졌으며, 보다 자주, 어디에서든 자신의 의견을 이야기할 수 있는 시대가 되었다. 속도와 빈도의 증가는 팬덤의 가시성을 높이는 동시에 더 많은 사람들이 팬 활동에 참여할 수 있는 조건을 제공했다. 팬덤의 규모는 커졌고 국내와 해외를 넘나드는 범위의 확대를 가져왔다.

특히 스타와 팬의 관계 또한 뚜렷하게 변화했다. 인터넷 등장 이전의 모든 소통이 일방향적 관계였다면 인터넷, 특히 SNS 등장 이후 스타와 팬의 소통방식은 대다수 쌍방향 관계를 형성한다. 즉 가수나 기획사의 이야기를 무조건 듣는 관계를 넘어 팬들은 자신의 의견을 이야기하고 그 의견을 다양한 팬들과 나누고 이를 통해 하나의 문화를 형성한다. 즉 자신들의 의견을 가수와 기획사에게 직접 어필할 수 있는 환경을 제공했다.

기획사와 팬덤이 함께 돈을 벌 수 있는 시대

당신이 아이돌 제작에 참여할 수 있다면?

이 이야기는 먼 나라의 이야기가 아니다. 실제로 과거에는 말도 안 됐던 이야기들이 현실에선 벌어진다. 과거 전적으로 음악시장의 몫이었던 아이돌 그룹 제작과 기획에 이제는 팬덤이 참여한다. 3세대 팬덤이 등장하면서 팬들은 아이돌 생산의 기획 단계까지 적극적으로 참여하는 사례가 많아졌다. 엔터테인먼트 업계에 팬의 역할을 강조하는 새로운 형태의 스타 시스템이 등장한다. 아예 기획 초기부터 팬들이 참여할 수 있는 다양한 스토리텔링을 기획하고 그들이 참여함으로써 팬들이 스타의 콘텐츠 속에서 마음껏 놀 수 있도록 판을 깔아놓는 것이다. 이것은 상당히 똑똑한 발상이다. 자신이 키운 손자가 더 이쁘다는 옛 속담처럼 자신이 직접 참여하고 뽑은 가수가 왜 더 이쁘지 않겠는가?

TV 오디션 프로그램이나 소속사 오디션 방식이 변화하면서 팬들의 직접적인 투표나 기획을 통해 아이돌이 형성되는 프로젝트 그룹의 방식이 많아졌다. 이 경우 팬덤과 아이돌 그룹이 동시에 만들어진다는 점이 기존 팬덤과의 가장 큰 차이점이라 할 수 있다.

〈프로듀스 101〉의 스타 워너원과 같은 TV 오디션 프로그램을 비롯해 SM엔터테인먼트, YG엔터테인먼트, JYP엔터테인먼트 등 대형 엔터테인먼트의 대부분의 아이돌 스타들은 탄생과 동시에 팬덤이 만들어진다. 같은 엔터테인먼트 소속 스타의 팬들이나 웹 커뮤니티, 종편 TV 등을 통해 오디션 과정을 미리 공유하거나 오픈함으로써 스타의 정보를 공유하고 이를 통해 믿고 가는 팬덤을 형성시키게 된다. 팬들은 이제 갓 태어난 스타를 응원하고 키우며 그들의 성장을 위해 노력한다. 맨 처음부터 대형 스타가 아니었기 때문에 이들은 그 애착관계가 더욱 진하며 스타 또한 팬덤이 곧 자신들의 위치를 단단하게 하는 키워드임을 파악한다.

과거와 다른 팬덤의 특징은 팬들이 무조건적인 추앙 대신 스타에게 자신들이 바라는 '고객 감동'을 요청할 수 있는 권리를 가진 소비자가 되었다는 점이다. 소비자가 기존의 팬과 다른 점은 스타를 적극적으로 응원하지만 스타나 기획사가 잘못하거나 기존 이미지와 다른 행동을 할 경우 당당히 요구하는 성격을 지녔다는 점이다. 실제로 요즘의 팬들은 스타나 소속사가 잘못할 경우 이에 관해 시정을 요구하거나 자신들의 공식성명을 통해 이를 관철시킨다. 팬들은 이제 기획사와 철저하게 공생의 관계를 유지하며 스타를 키우며 함께 커간다.

새로운 직업의 탄생: 팬덤 크리에이터

팬들의 사회에서도 생산자는 존재한다. 많은 팬들이 모이면서 자신의 이야기를 만들고 표현하는 이들이 새로운 크리에이터로 등장하게 된다. 바로 팬덤 크리에이터들이다.

이들의 역할은 크게 네 가지로 볼 수 있다.

첫째, 팬덤 유출을 막을 수 있다.
둘째, 소속감과 결속력을 형성하게 한다.
셋째, 신규 팬을 유입하게 도와준다.
넷째, 몰입도를 높이고 소비를 확대시킨다.

팬덤 내에서 크리에이터들은 한마디로 가교 역할을 한다. 팬덤 유지를 위해서는 소속감과 결속력이 중요한데 이를 팬들의 다양한 콘텐츠로 유지하기 때문이다. 팬덤 내에서 자체적으로 콘텐츠를 '생산'하는 팬들은, 팬덤 활성화 상태를 유지하는 데 큰 기여를 한다.

이들은 자신의 시간과 정성을 들여 콘텐츠를 생산한다. 대표적인 사례로는 BTS나 EXO의 세계관 콘텐츠에 대해 팬들이 올리는 다양한 분석을 들 수 있다. 크리에이터들의 분석을 보면 오랜 시간 투자했을 그들의 정성이 나타나며 이에 대한 보상은 팬들의 환호와 감사로 대체된다.

하지만 이러한 크리에이터의 역할은 시간이 지날수록 한계를 지닌다. 콘텐츠 크리에이터나 팬덤 활성화에 기여하는 여러 팬들은 시간이 지날수록 계정 운영에 대한 부담을 느껴 계정을 닫거나 팬 활동을 중단하기 때문이다. 처음에는 애정 가득한 마음과 열정적인 팬심으로 서포트 활동을 해도, 막대한 시간과 비용을 감수하는 팬에게 돌아오는 경제적 보상은 없기 때문이다. 이들의 지속적인 생산을 위해서는 팬덤 크리에이터들도 자신의 생산 콘텐츠에 대한 경제적 보상을 받을 수 있는 방식 등이 진지하게 고민되어야 할 것이다.

지금까지 팬덤은 콘텐츠를 자발적으로 생산해 팬덤을 성장시키는 데 큰 기여를 했지만 이에 대한 경제적 보상은 전혀 공유받지 못했다. 결국 크리에이터 입장에서는 창작 활동의 지속성이 떨어질 수밖에 없다.

이것은 팬덤을 유지하거나 키우는 데 중요한 역할을 하는 콘텐츠 공급에 영향을 미친다. 이는 팬덤 규모가 곧 수익으로 연결되는 엔터사 입장에서도 손해다. 또한 팬덤이 만들어내는 콘텐츠들은 엔터사의 IP에서 파생된 콘텐츠들임에도 불구하고, 엔터사의 직접적인 수익원으로는 연결되지 않고 있다. 팬의 적극적인 참여에 의한 생산 영역이 과소평가

되어 있다는 점이다. 보다 더 많은 콘텐츠와 팬덤의 활성화를 원한다면 팬덤과 제작사가 다 같이 윈윈 하는 경제에 대한 고민을 해야 할 것이다. 그런 만큼 현시점에서 가장 빠른 변화가 필요한 것은 비즈니스 모델의 변화다. 더 이상 CD나 굿즈 같은 실물 형태가 아닌 온라인 콘텐츠마켓, 더 나아가 NFT 거래 마켓과 같은 또 다른 수익형 모델이다. 이때 중요한 것은 NFT로 생산할 수 있는 콘텐츠에 팬덤이 생산하는 콘텐츠도 포함되어 있어야 한다는 점이다.

소속사는 이러한 팬덤의 가치 생산을 염두에 두고 경제화하는 것이 전체 사업의 성공을 결정짓는 핵심일 것이다. 또한 이후 IP를 중심으로 한 팬덤 커뮤니티 소유권을 토큰화한 소셜 토큰 발행도 충분히 고려해볼 수 있다. 엔터산업은 생태계 구성 주체인 엔터테인먼트사, 아티스트, 팬덤이 각각의 크리에이터 역할을 하는 특수성을 가지고 있기에, 구성 주체 모두 경제적 이익 공유가 가능하다.

'엔터사-아티스트-팬덤' 모두가 돈을 벌 수 있는 시대, 동반 성장이 가능한 시대는 멀지 않았다. 핵심은 결속력이다.

CD 플레이어가 없는 시대, 그들은 왜 음반을 사는가?

팬들에게 음반은 더 이상 듣는 매체가 아니다.

음반은 팬심을 표현하는 수단이자 어느새 팬들의 굿즈 역할로 진화했다. 케이팝 음반은 단순히 음악을 저장한 물리적 매체를 넘어, 팬들에게는 하나의 선물이자 원하는 것을 얻는 티켓과도 같다.

음반을 구매하는 이유는 크게 ① 팬사인회·팬미팅 등 행사 참석

응모, ② 팬덤 화력 집중, ③ 포토카드 수집, ④ 실물 음반 소장 등으로 구분된다. 아티스트의 음악만 듣는 '라이트 팬덤'은 굳이 음반을 구매할 이유가 없다는 이야기다.

사실 앨범을 한 장 산다고 해서 원하는 내용물을 가질 수도 없다. 포토카드 등 일부 구성품은 랜덤으로 들어 있기 때문이다. 앨범에는 포토카드, 포스터, 책갈피, 엽서, 스티커 등 추가 부속물이 필수인 시대이며, '포토카드'를 얻기 위해 앨범을 구매한다고 할 정도다.

CD를 사는 가장 큰 이유이자 목적은 첫 번째, 행사에 응모하기 위해서다. 엔터테인먼트 업계가 팬사인회 등 행사에 참석하는 이들을 '추첨'한다고 하지만 음반이나 굿즈 구매량 순서대로 줄 세우기를 한다는 건 공공연한 비밀이다. 팬사인회에 가기 위해 한 명의 팬이 음반을 수십 장에서 100장 이상을 구매하기도 한다. 만약 1만 원짜리 음반을 100장 사서 팬사인회에 당첨된 팬 30명을 가정해보면 팬사인회 한 번에 3,000만 원의 매출이 발생한 셈이다. 이들보다 적게 산 이들까지 포함하면 팬사인회 한 번에 수천만 원에서 수억 원대 매출이 나온 셈이다. 어느 기획사가 이것을 마다할 수 있을까.

두 번째 목적은 내 스타를 위한 팬덤의 화력 집중이다. 각종 음악 차트의 순위권 진입에서 CD 판매가 여전히 중요한 역할을 하기 때문이다. 음반이 나올 당시 얼마나 많은 음반이 팔렸는가는 곧 스타의 순위와 직결된다. 특히 초동 판매량은 두고두고 스타의 인기도와 직결되기 때문에 팬들은 음반 판매 초반에 자신들의 역량을 집중한다. 특히 열성 팬들인 코어 팬덤들의 경우 한 명이 몇십 장, 몇백 장을 사면서까지 자신들의 스타를 지키고 싶어 한다.

세 번째 목적은 포토카드 수집이다. 음반은 원래의 목적 대신 스타의 캐릭터를 통해 또 하나의 굿즈를 생산한다. CD에 내장되어 있는 스타의 캐릭터는 곧 포토카드로 만들어지고 팬들은 이러한 카드를 모으는 재미를 통해 스타에 대한 애정을 표출한다.

실제로 한 아이돌 그룹의 팬덤이 컴백을 맞아 앨범 공동 구매를 진행했는데, 아예 '앨범 수령 포기' 옵션이 있음을 확인할 수 있었다. 쉽게 말해서, 앨범 자체가 중요한 것이 아니라 그 속에 있는 포토카드나 팬심을 표현하는 굿즈를 갖고자 하는 것이다.

포토카드를 구하기 위해 수십 장씩 앨범을 사들이는 '앨범깡', 모든 사진을 모으는 '포토카드 드래곤볼'이라는 말이 있을 정도로 앨범 사재기는 하나의 팬덤 문화가 되었다. 예를 들면 세븐틴이 앨범을 발매했고, 모든 멤버의 포토카드를 갖고 싶다면 최소 13장의 앨범을 사야 하는 구조다.

네 번째 목적은 실물 음반 소장이다. CD 플레이어가 없어도 스타들의 CD를 굿즈처럼 갖고 싶어 하는 팬들이 있다. 어렵게 들을지언정 그저 소장만 해도 좋은 진정한 팬심이다.

그렇다면 왜 옵션 상품만 따로 판매하지 않는 것일까.

그렇게 되면 음반 판매량이 아티스트 차트 집계에 포함되지 않고, 엔터사 매출도 줄어들기 때문에 팬덤도, 엔터사도 원하지 않는 결과가 초래된다. 그렇기 때문에 울며 겨자 먹기식으로 판매된 앨범 중 상당수가 처치 곤란한 쓰레기로 전락한다. 실제로 팬들은 이러한 문제점에도 자신의 가수들을 위해 음반을 사지만 음반구매에 대해 부정적 인식을 가지고 있는 경우도 상당히 많았다.

"팬 사인회 가서 좋아하는 가수를 만나려면 CD를 많이 사야 해요. 앨범 많이 산 순서대로 100명! 이런 방식 자체가 문제죠."

"포토카드를 너무 다양하게 만드니까 다 모으려면 한두 장 사선 안 되죠."

"학생들이 몇십 장씩 사는 돈이 어디 있겠어요. 내가 연예인을 얼마나 좋아하는가 하는 충성도를 앨범 몇 장 사느냐로 평가하는 건 잘못되었다고 봐요."

이러한 문제점에도 불구하고 CD 플레이어가 없는 시대에 음반을 사는 본질적 욕구는 ① 콘텐츠 소장, ② 소수만이 누리는 프리미엄 혜택, ③ 내 스타의 브랜드 가치 상승에 대한 열망이라 할 수 있다.

케이팝 팬덤의 특성

첫째, 무보수 크리에이터 집단

팬덤 커뮤니티에서 팬의 본질적 특징을 나타내는 독특한 단어가 있다. 바로 '생산러'다. 생산러는 콘텐츠를 직접 생산하는 팬을 의미한다. 팬덤 내에는 여러 유형의 팬이 존재한다. 크게 소비를 주로 하는 팬들과 생산을 집중적으로 하는 팬으로 나뉜다. 그러나 소비하는 팬들까지도 SNS에 댓글을 다는 행위에는 참여하기 때문에 이미 콘텐츠를 자연스레 생산하고 있다고 할 수 있다.

사실 엔터사가 제공하는 1차 콘텐츠는 무한한 생산이 어렵다. 아티스트가 1년 24시간 동안 매일 활동하는 것이 물리적으로 불가능하고,

공백기(비활동기)에는 활동기 대비 콘텐츠 양이 줄어들 수밖에 없기 때문이다. 그래서 엔터사가 만들어내는 콘텐츠 외에도 팬들이 자체적으로 만들어내는 2·3차 콘텐츠는 절대적으로 필요하다. 이미 봤던 콘텐츠도 다르게 '복습'해보고, 미리 다음 앨범은 어떨지, 컴백 콘셉트를 예측해보고, 회사가 제공한 1차 콘텐츠 기반으로 2·3차 가공을 해 다른 느낌으로 소비해보는 등 팬덤 커뮤니티에선 수많은 창작 활동이 일어난다.

팬들이 만들어낸 파생 콘텐츠들은 기존 팬덤이 팬 활동에 재미를 잃지 않고 계속 팬덤에 머무르게 만든다. 팬들 간 유대감을 가지게 만들며, 아티스트를 '함께' 응원하며 기다릴 수 있는 매개가 된다.

둘째, 아티스트의 성장이 '공동 목표'인 집단

케이팝 팬덤은 IP(지식재산권, Intellectual Property)에 대한 충성도가 어떠한 브랜드보다도 높다. 애플, 구찌, 나이키, 마블처럼 높은 충성도의 팬덤을 보유한 브랜드 IP가 있긴 하지만 케이팝 IP는 차이점이 있다.

케이팝 시장은 갓 데뷔한 아티스트는 처음부터 높은 가치를 인정받지 않는 게 대부분이나, 팬덤이 수년간 아티스트의 성장을 위해 다양한 후원성 활동을 하면서 아티스트 IP 가치가 점진적으로 상승하는 구조다. 팬들은 오직 아티스트의 사회경제적 성공을 바라는 마음에 앨범 수십 장을 구매하고, 시상식 투표에도 적극적으로 참여하고, 전광판 광고까지도 마다하지 않는다. 이처럼 케이팝 팬덤은 '아티스트 가치 성장'이라는 공동 목표 의식을 가지고 있을 정도로 높은 충성도를 보이는 집단이다.

또한 팬덤은 콘텐츠 소비에 있어 소수 독점 욕구보다는 공유 욕구가 더 크다. 21세기의 팬들은 나 혼자서만 보고 싶어 하지 않는다. 오히려 내가 좋아하는 아티스트를 많은 사람들이 알아봐주길, 더 많은 사람들에게 사랑받길 바란다. 팬덤은 새로운 사람들을 유입시키기 위해, 즉 '입덕' 시키기 위해 여러 인터넷 SNS 커뮤니티에서 소위 '영업' 활동을 활발히 한다.

셋째, 아티스트를 지키고 키우는 집단

일반적 음악을 즐기는 대중과는 다르게 케이팝 팬들은 적극적이고 탐구적이다. 대체로 개방적이며 때로는 정치적이기도 하다. 취향을 매개로 만났지만 자신들의 아티스트를 위해 사회적 활동을 하는 데 주저함이 없다. 아티스트의 이름으로 봉사나 사회적 기부, 다양한 정치적 행보까지 한다. 아티스트의 정체성이 곧 이들의 정체성이며 국내뿐 아니라 해외 팬들까지 하나 된 모습을 보여주는 특징을 가지고 있다.

또한 본인들이 좋아하는 아티스트에 대해 아주 철저한 옹호자의 포지션을 갖고 있다. 케이팝 팬들은 아티스트가 받는 어떤 오해라든지 편견에 대해서 아주 적극적이고 논리적으로 보호하고 격렬한 토론도 마다하지 않았다. 그러나 과거와 달리 스타를 무조건적으로 지지하지는 않는다. 마치 부모가 아이를 양육하는 것과 흡사하다. 칭찬과 함께 아티스트의 잘못이 있다면 비판하고 그에 관한 집단행동을 서슴지 않는다.

about 가수, 소속사, 브랜드사

세대의 변화를 인식하라:
10대 팬 중심에서 50~60대 팬까지

과거 팬클럽은 대다수 10대를 뜻했다. 팬클럽은 어른들이 늘 걱정하며 이야기하는 철없는 대상이었고 '빠순이'와 같은 부정적 의미로 통칭되기도 했다. 하지만 2007년 소녀시대와 원더걸스의 인기가 하늘을 찌르면서 어느새 팬이란 용어는 10대를 넘어 20대부터 50~60대까지 포함하는 용어가 되었다.

이러한 팬덤 문화의 변화는 '삼촌 팬' '누나 팬' '이모 팬' 등의 신조어와 함께 등장했다. 장르도 아이돌 가수를 넘어 발라드, 트로트, 정치인, 영화배우 등 다양한 스타로 확장되었다. 어느새 '스타를 따라다니는 철없는 애들'이라는 수식어는 사라지고 대중문화를 더 풍성하게 하는 중요한 존재로 자리매김하게 되었다.

이 말은 무엇을 의미할까? 한마디로 팬층이 훨씬 넓어졌다는 것이다. 다시 말해 영역확장 되었다는 것이다. 팬들의 소비시장도, 이를 둘러싼 팬들의 권력도 훨씬 커졌다는 이야기다.

팬덤의 규모가 증가하면서 팬들도 다층화됐다. 전통적인 의미의

팬들부터 특정 팬덤이나 커뮤니티 활동에 열성적으로 참여하지는 않지만 스스로를 팬으로 칭하는 수용자들까지 팬 활동에 대한 관여와 참여의 정도에 따라 다양한 팬층이 형성되었다. 인터넷 시대에 팬 활동은 더 이상 소수 광팬 중심의 비주류 문화를 의미하는 것이 아니라 좀 더 보편적이고 일상적인 참여 문화적 소비 양식을 의미하게 되었다. 팬 소비가 현대적 커뮤니케이션과 문화 소비의 한 측면으로 부상하게 된 것이다.

흥미로운 점은 2024 콘텐츠진흥원 조사에 따르면 1년간 음악관련 팬덤활동을 해봤다는 비율이 26.6%가 되었다. 특히 2000년 이후 나타난 온라인 팬덤활동도 중장년층, 즉 50~60대의 경우 30% 내외로 10대의 42.7%에 비해 상당히 높은 수치를 기록함을 볼 수 있다. 이는 10~20대뿐만 아니라 50~60대까지도 팬덤활동에 적극적으로 참여한다는 것을 나타낸다.

자신이 좋아하는 것을 위해 시간과 열정을 투자하는 것, 이제 더 이상 10대만의 전유물이 아닌 시대다.

팬들이 스타에게 원하는 것!
포장 말고 리얼리티, 진정성이 답이다

1세대 팬덤은 경쟁 스타와의 대립을 통해서 스타를 의미화했다. H.O.T 팬들은 젝스키스 팬들과의 대립을 통해 스타의 우월성을 증명하길 바랐으며 핑클 팬들은 SES 팬들과의 경쟁을 통해 자신의 스타들이 독보적이길 바랐다. 그러다 보니 이들은 스타에 대한 배타적인 충성과 애정이 그 특징이었다. 그러나 2세대로 넘어가면서 팬덤이 스타에게 원하는 것은 뚜렷하게 달라졌다.

첫 번째는 리얼리티다.

인터넷과 SNS를 통해 쌍방향 소통이 가능하게 된 팬들은 우상으로서의 스타를 넘어 스타의 리얼리티를 알고 싶어 했다. 유튜브나 다양한 SNS를 통해 소통하는 스타를 선호했으며 이를 통해 무대 위에서 보여준 스타의 모습이 현실 속에서도 언제든 진짜이길 원했다. 이에 가수들은 그러한 면을 입증이라도 하듯 자신들의 생활을 낮이나 밤이나 유튜브, 위버스, SNS를 통해 끊임없이 보여주었으며 그 속에서 리얼리티를 강조했다. 팬들은 그 모습에 열광했고 스타들이 더 이상 베일 속 가려져 있는 존재가 아니라 함께 숨 쉬고 성장하는 존재이길 바랐다.

두 번째는 소통이다.

이들은 과거 스타가 어떤 모습을 보여도 맹목적인 추종을 했던 1세대와는 달리 스타와의 수평적인 관계를 원했다. 수직적 위계가 아닌 스타와 내가 동등하길 원했고 그들을 좋아하는 만큼 그들을 날카로운 시각으로 살펴보았다.

또한 이들은 스타가 끊임없이 자신들과 소통하기를 바란다. 자신들의 의견이 존중되기를 바라고 그 의견이 스타에게 반영되기를 바란다. 스타와의 동등한 관계 속에서의 소통이므로 무조건적인 추종이 아닌 다각적인 소통을 통해 자신들의 의견을 반영시키고자 노력한다.

세 번째는 진정성이다.

팬들은 스타의 보이는 모습과 진짜 모습이 같기를 원한다. 스타가 방송과 팬들 앞에서 하는 말들이 꾸밈이나 거짓이 아니며, 진정성 있는 모습으로 팬들을 대해주고 스스로 행동하기를 바란다. 이것은 스타의 윤리성을 중요시하는 팬덤의 모습으로 나타났다. 과거처럼 완벽한 스타의 모습을 바라는 것이 아니라 인간적이지만 솔직하고 진정성 있는 모습을 원한다. 그런 만큼 자신의 말과 행동에 책임지기를 원하며 그렇지 못했을 때는 비판과 단체행동으로 나타나기도 한다. 그 대표적인 예가 바로 '버닝썬' 사태다.

버닝썬 스캔들 이전의 빅뱅은 대한민국 최고의 아이돌 그룹이었다. 그러나 버닝썬 사태는 그룹 빅뱅의 멤버 승리와 관련한 연예인들을 한순간에 연예계에서 퇴출했다(연합뉴스, 2019. 3. 15). 젊은 스타들의 드라마틱한 추락 못지않게 충격적이었던 것은 팬클럽의 반응이었다. 온라인 팬덤인 빅뱅 갤러리 회원들은 집단 성명을 통해 사회적 물의를 일으킨 빅뱅 멤버 승리를 주저함 없이 버렸다. 과거에는 상상할 수 없었던 이러한 팬덤의 반응은 팬덤에 대한 고정관념에 경종을 울렸다.

이제까지의 팬덤은 스타에 대한 강한 애착과 맹목적인 추종을 기반으로 스타의 루머나 스캔들에 대해 적극적인 방어를 하는 지킴이 역할을 해왔다. 하지만, 최근 팬덤은 스타의 개인적 일탈과 사회적 범죄 행위에 대해서 온라인이나 소셜미디어, 혹은 집단적 반응을 통해 어떤 언론이나 단체보다도 더 비판적으로 대응하고 있다. 스타의 진정성 있는 모습, 윤리적인 모습을 원하는 팬들의 행보는 21세기 달라진 팬덤들의 특징을 뚜렷하게 보여준다.

21세기 변화한 남녀상: 부드러운 남자, 배려심 있는 남자 & 당당한 여자, 주체적인 여자

　　대중음악 속에 나타나는 캐릭터는 시대에 따라 끊임없이 변화한다. 대중이 열광하는 캐릭터 또한 끊임없이 변화하며 그것을 통해 욕망을 투사하는 매체로서의 서사, 남녀의 상관관계, 시대의 남녀상 등 현실 속의 무의식적인 욕구들을 읽을 수 있다.

　　기존의 대중음악 속 남성들은 대체로 1970년대와 1980년대를 거치면서 가부장적이고 권위적인 남성상을 보여주었다. 록 음악에서 보여주듯 강력하고 파워풀한 모습, 마초적인 이미지로 여성들을 보호하거나 미안하다는 한마디로 떠나가는 나그네의 이미지였다. 그들은 가정과 국가를 위해, 사랑하는 여자를 위해 모든 것을 인내하며, 상대방과의 소통보다는 혼자 결단하는 지배적 캐릭터로 자신의 눈물을 절대 보여주지 않는 강한 의지의 소유자였다.

　　그러나 요즘의 음악 속에 나타나는 남성상, 팬들이 열광하는 남성상은 전혀 다르다. BTS와 임영웅으로 대표되는 남성 아티스트들의 팬들은 더 이상 강한 남자에 열광하지 않는다. 지배적이고 마초적인 남성상 대신 자상하고 부드러운 남성상, 상대방을 배려하는 '무해'한 남성상을 원한다.

21세기 스타들은 근육질의 몸을 자랑하며 시각적으로 아름다운 남자의 모습을 연출한다. 자신의 이야기를 스스럼없이 하며 상냥하고 다정한 남성상을 재현한다. 사랑이라는 이름으로 모든 것을 독단적으로 결정하는 마초의 모습이 아니라 함께 의논하고 배려하는 따뜻한 남성으로서의 모습을 보여준다.

그중 세계적 스타 BTS는 대표적인 예다. 그들은 데뷔 초 힙합 문화의 강한 남성성을 어필하는 과정에서 여성에 대한 옳지 않은 표현으로 팬들로부터 강한 비판을 받은 바 있었다. 그 후 이들은 팬들과 동시대 페미니즘의 감수성 아래 보다 솔직한 모습을 보여주고자 노력했다. 가식적인 강인함보다는 자유로운 감정을 드러내는 BTS의 모습은 이제까지의 남성상과는 전혀 다른 동질적 인간애를 느끼게 한다. 미국 언론들은 이를 두고 '반트럼프적'이라고 표현했으며 권위적이고 독소적인 남성성 대신 대안적 남성성, 해롭지 않은 남성성이라고 평했다.

한국의 스타 임영웅도 예외는 아니다. 가수 임영웅은 한마디로 부드러운 남자다. 남진과 나훈아, 조용필로 이어지는 한국의 트로트가 남자의 순정과 사나이다움을 담아내는 가사가 주류였다면 임영웅의 노래에는 부드러운 남성성이 녹아 있다.

가부장적 남성성에 휘둘린 베이비부머 세대 여성들에게 임영웅의 부드러운 외모와 창법, 배려심 깊은 행동은 말 그대로 신세계다. 사실 '사나이답다' '남성적이다'라는 기존의 남성상에는 자기중심적인 무뚝뚝하고 센 말투, 배려심 없는 모습들이 담겨 있었다. 하지만 임영웅의 모습에서 보이는 배려심 깊고 따뜻한 남성상은 베이비부머 세대를 중심으로 한 많은 여성들의 마음을 사로잡았다. 또한 선이 곱고 웃음 가득한 임영웅의 외모는 기존 트로트 가수와는 전혀 다른 편안함과 세련됨을 구가한다. 아이돌 가수와 비교해도 크게 다르지 않은 21세기형 외모와 다정하면서도 배려심 가득한 심성은 기존의 트로트 가수와는 차별화된 남성상으로 자리 잡게 했다. 이렇듯 BTS와 임영웅으로 대표되는 대중음악의 남성은 시대적 흐름과 함께 현재까지 서서히 변해왔다.

대중가요 속 남성들과 마찬가지로 여성상 또한 끊임없이 변화해왔다. '주체적'이란 반드시 진취적이고 적극적이며 '걸 크러쉬'를 유발하는 좁은 범위가 아니다. 행동 동기가 분명하며, 타인의 서사를 풍요롭게 만들고자 '소비'되어버리지 않는 인물 모두를 포함한다. 대표적인 유형 중 하나는 기존의 '백마 탄 왕자님'과 '캔디' 구도를 해체하는 '능력 있는 여자' 캐릭터다.

실제로 최근 인기 있는 여성 아이돌이나 여성 가수의 경우 지금까지 접했던 청순한 이미지나 예쁜 이미지와는 상당히 달라진 것을 볼 수 있다. 자신의 감성을 담은 음악을 선보이며 '시티팝'의 유행을 불러온 백예린이나 인디 신의 '핫' 아이콘으로 떠오른 새소년의 황소윤, 카코포니도 여성 아티스트의 새로운 모습을 보여준 사례다.

과거에도 여성의 작가주의적 성향은 점차 늘어가는 추세였다. 이상은, 자우림의 김윤아, 아이유 등이 대표적이며 작가주의 성향이 두드러진 톱 가수로 주목받아왔다. 자신의 생각을 뚜렷하게 이야기하며 개인의 감성을 음악으로 탁월하게 표현해낸 이들은 싱어송라이터로 활동하며 인기를 끌었다. 인형처럼 예쁜 가수가 되기보다 자신을 당당하게 표현하는 여성 가수들. 이들의 인기는 21세기 달라진 여성상을 보여준다.

스토리텔링의 파워: BTS와 임영웅의 흙수저 신화

BTS의 스토리텔링

중소기업 혹은 비상장사에서 데뷔한 아이돌을 '흙수저'라고 말한다. 대기업에서 데뷔한 아이돌에 비해 지원을 상대적으로 덜 받기 때문에 생겨난 말이다. 힘들고 어려웠던 중소기획사 출신, '흙수저'였던 BTS은 이제 21세기 아이콘으로 서 있다.

과거 제이홉(정호석)은 온라인 기자간담회에서 '7년 전 자신에게 해주고 싶은 말'을 묻는 질문에 이렇게 답했다.

> "신인 그룹이 많았다. 돋보이기 위해 더 열심히 하는 방법밖엔 없었다. 죽기 살기로 했고 최선을 다해 할 수 있는 만큼 체력이 닿는 대로 정말 열심히 했다. (…) 7년 전의 내게 '제이홉은 정말 노력을 많이 하는 친구다. 그런 노력이 너를 배신하지 않았다'는 말을 해주고 싶다."

BTS의 일곱 명은 한 방에서 잠을 청했고, 내일이 보장되지 않는 오늘을 보냈다. 진은 "숙소에서 초파리를 잡기도 하고 닭가슴살만 먹으며 지낼 때도 있었다. 수익이 나지 않았을 땐 식대에 한계가 있었던 적도 있었지만 지금은 원하는 대로 먹을 수 있다"며 이전과 달라진 점을 꼽았다. 그들은 자신들의 이러한 이야기를 2017년 발매한 곡 '바다'의 가사에 담기도 했다.

> "바다인 줄 알았던 여기는 되레 사막이었고 빽이 없는 중소 아

이돌이 두 번째 이름이었어. 방송에 잘리기는 뭐 부지기수. 누구의 땜빵이 우리의 꿈. 어떤 이들은 회사가 작아서 제대로 못 뜰 거래."

BTS는 모든 음악을 철저히 자신들의 세계관을 중심으로 스토리텔링 했다.

모든 음악과 뮤비는 하나의 일관된 메시지를 전달하며 확장된다. 바로 '청춘'의 성장 스토리다. 데뷔 때부터 BTS는 '흙수저 아이돌 성공기'라는 확고한 스토리텔링을 구축했다.

이들의 음악은 '학교 3부작' '청춘 3부작' '러브 유어셀프(LOVE YOURSELF)' 시리즈로 이어지며 소년에서 청년이 되는 성장 과정을 따라간다. 헤르만 헤세의《데미안》(피 땀 눈물), 어슐러 K. 르 귄의《오멜라스를 떠나는 사람들》(봄날) 등 문학작품을 연상시키는 모티브를 음악에 담고, 팬들은 이 단서들을 활용해 세계관을 해석한다. 팬들은 뮤비를 수없이 반복해 보면서 숨겨진 의미를 찾고 공유한다. 이러한 가수와 팬덤의 상호교류는 세계관을 기반으로 한 탄탄한 음악으로 성장했고 그 결과 BTS와 팬덤 '아미(ARMY)'는 세계에서 가장 유명한 가수와 팬덤이 되었다.

임영웅의 스토리텔링

〈미스터트롯〉의 스타 임영웅은 어려운 환경에서 자라며 오랜 시간 무명생활을 통해 고생했던 인물이다. 특히 아버지 없이 미용실을 하며 홀로 자식을 키우느라 노심초사했던 어머니에 대한 마음은 그래서 더 특별하다. 대부분 할머니 손에 키워지면서 혼자 있는 시간이 많았던 어린 시절의 경험은 베이비부머 세대가 많은 그의 팬들에 대한 따뜻한 심성으로 나타난다.

팬들이 맨 처음 그를 좋아한 이유는 노래였지만 그 이후 그의 음성을 통해 힐링을 얻고, 그의 이야기를 통해 위안을 얻는다. 팬들은 젊은 시절부터 아버지 없이 고생한 그의 절절한 이야기를 통해 공감하고 또 아파한다.

가수 임영웅은 베이비부머 세대에서 시작해 이제는 남녀노소 전 세대의 사랑을 독차지하고 있다. 임영웅은 실제로 오디션 프로그램에서 자신의 어려웠던 환경과 살아온 이야기들을 한 편의 스토리텔링으로 풀어내기도 했다. 힘들었던 과거의 경험은 주변을 늘 돌아보게 하는 겸손함과 배려로 나타나며 이런 그의 심성을 팬들은 사랑한다. 이러한 흙수저의 성공신화는 많은 팬들의 감정이입으로 나타나며 이를 통해 더 큰 지지와 사랑을 받는다.

21세기의 팬들은 가수의 스타성뿐 아니라 인간성을 중요하게 생각한다. 단순히 그의 노래를 넘어 그의 삶과 가치관에 지대한 영향을 받기 때문이다. 인간 임영웅의 다양한 경험은 그를 더욱 깊고 배려심 넘치는 가수로 성장시켰다. 결국 그의 어려웠던 시절은 더 많은 팬들을 이해하고 깊은 노래를 할 수 있는 바탕이 되었으며 실제로 그의 팬덤 '영웅시대'는 약자와 함께 나누려는 가수의 의지에 따라 스스로 릴레이 선행을 벌인다.

BTS와 임영웅의 스토리텔링. 이제 더 이상 가수가 노래만으로 어필하는 시대는 지났다.

팬들의 놀이터를 만들어라: 위버스(Weverse)

콘텐츠진흥원의 음악 이용자 실태조사에 따르면 팬들은 대다수가 온라인으로 콘서트를 관람하고 음반이나 굿즈를 구입하며, 온라인으로 팬카페 활동을 한다. 과거 오프라인 중심의 팬미팅이 팬 참여의 주된 통로였다면 이제는 온라인으로 팬 플랫폼 활동이나 팬미팅, 팬사인회에 참여하는 것이 꾸준히 늘어가는 추세다.

온라인을 통한 팬덤활동이 늘어가면서 유튜브나 틱톡 같은 온라인 동영상의 시청 또한 꾸준히 늘고 있다. 대부분의 동영상은 음악 콘텐츠이며 팬들은 뮤비나 방송, 라이브 클립, 일상 콘텐츠, 직캠, 일반인 음악방송, 안무 콘텐츠 등 끊임없이 쏟아져 나오는 음악 동영상 콘텐츠를 소비한다.

그중 눈여겨볼 부분은 방송 클립이나 뮤비가 매년 감소추세를 보인 것에 반해 아티스트 일상 콘텐츠나 직캠과 같은 콘텐츠는 그 소비가 꾸준히 늘고 있다는 점이다. 이것은 MZ세대나 베이비부머 세대 모두 같은 패턴을 보였으나 10대가 다른 세대에 비해 온라인을 통해 음반이나 굿즈를 산 비율이 높았다. 대부분의 팬들은 오프라인 활동보다는 팬카페 등과 같은 온라인 참여를 통해 팬 정보를 얻고 각각의 SNS나 소모임, 지역방을 통해 네트워크를 늘려갔다.

이렇듯 소규모 온라인 커뮤니티가 늘었다는 사실은 각 타깃에 맞는 팬들의 니즈 또한 다변화되었다는 것을 의미한다. 자신의 취향을 중심으로, 혹은 각 지역을 중심으로 사람들이 모이고 그들이 필요로 하는 커뮤니티가 정보로, 굿즈로, 풀뿌리 네트워크로 이루어진다. 이것의 가장 큰 장점은 자신의 취향을 바탕으로, 자기중심적으로 설계된 탓에 그 어떤 집단보다 신뢰성이 있다는 점이다. 타깃 맞춤형 산업은 그래서 힘

공식 뮤직 비디오 이용 경험 및 이용 방법

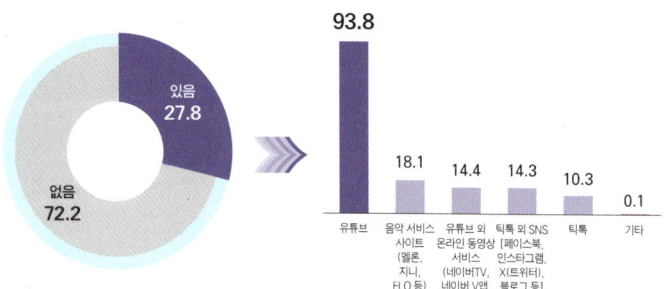

구매 경험

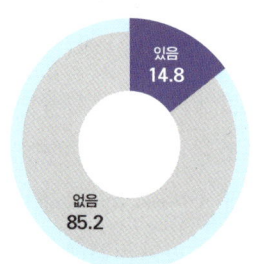

구매 품목

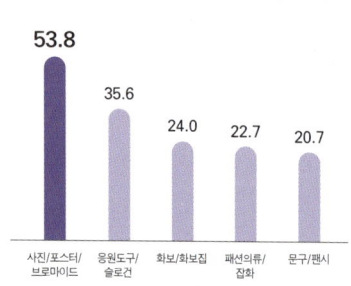

팬덤 활동 경험

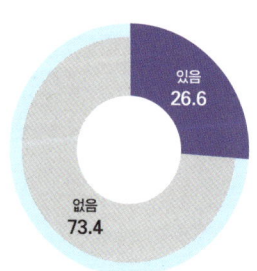

음악 이용 행태별 팬덤 활동

(Base: 전체, 중복 응답, 단위: %)

경험자		비경험자
29.2	스트리밍 서비스 이용	70.8
38.3	다운로드 서비스 이용	61.7
59.2	피지컬 음반 구매	40.8
76.9	플랫폼 음반 구매	23.1
56.8	오프라인 음악 공연	43.2
56.0	비대면 음악 공연	44.0
33.4	공식 뮤직비디오	66.6
34.4	온라인 동영상	65.6
87.9	굿즈 구매	12.1

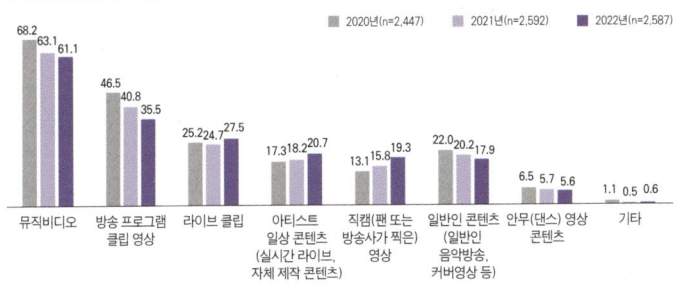

콘텐츠진흥원 2024 음악 이용자 조사

이 있다.

그 대표적인 예로 팬덤 플랫폼 '위버스'를 들 수 있다.

위버스는 스타와 팬이 실시간으로 소통할 수 있는 앱으로 기존의 팬카페나 팬 페이지를 대체하는 공간이다. BTS의 소속사 하이브가 네이버의 관계회사인 위버스컴퍼니를 함께 만들었지만 국내외 다양한 가수들이 함께 참여해 팬카페의 대명사처럼 불리고 있다.

대표적인 팬 커뮤니티 어플인 위버스는 우리(we)와 우주(universe)의 합성어로, 스타와 팬이 소통하고 여러 서비스를 제공하는 팬 커뮤니티 소셜 네트워크 플랫폼이라 할 수 있다. 2022년 7월에는 'V LIVE'와 통합되면서 실시간 라이브 방송까지 제공하고 있다. 팬들은 스타가 직접 보내는 실시간 라이브 영상을 보며 직접 채팅으로 대화도 할 수 있으며 국내뿐 아니라 해외의 많은 팬들까지도 활발하게 참여할 수 있다.

실제로 팬덤 플랫폼 '위버스'의 누적 다운로드 수는 2024년 8월 기

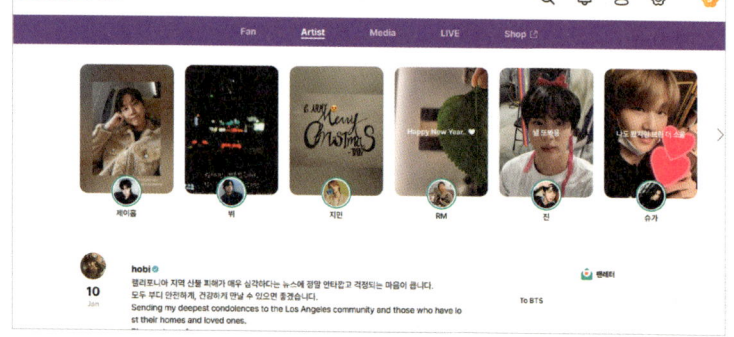

위버스 홈페이지 중에서

준, 1억 6,000만 명을 돌파했다. 이는 소통 기능의 팬덤 플랫폼 위버스와 커머스 플랫폼 위버스샵을 합한 수치다. 팬덤 플랫폼 다운로드 수가 1억 건을 넘은 것은 국내는 물론 해외에서도 처음이며 다운로드 증가와 함께 월간 활성 이용자 수(MAU, Monthly Active Users) 또한 1천만 명 돌파를 눈앞에 두게 됐다.

현재 위버스에는 많은 아티스트들이 입점해 있다. 그중에서도 최고 많은 팬을 보유한 아티스트는 BTS다. BTS는 2025년 1월 현재 2,713만 명이 넘는 팬을 보유하고 있다. 그 뒤를 이어 '엔하이픈' '투모로우바이투게더(TXT)' '세븐틴' '블랙핑크' 등 여러 멋진 스타들이 위버스에서 인기를 얻고 있다.

이렇듯 위버스가 출시(2019. 6) 6년 만에 글로벌 넘버원 팬덤 플랫폼으로 성장한 건 커뮤니티, 콘텐츠, 커머스의 세 가지 기능을 고도화한 슈퍼 플랫폼 전략이 팬들의 욕구를 충족시켰기 때문이다.

우선 위버스는 도입 초부터 커뮤니티를 통해 팬들이 가장 원하는 아티스트와의 실시간 소통 기능을 제공했다. 13억 뷰에 가까운 누적 재

주요 아티스트 팬덤 플랫폼 회원 수

(단위: 명), 2024년 말 기준

아티스트	회원 수
BTS	2713만 3475
엔하이픈	1069만 8744
TXT	1016만 5861
세븐틴	856만 4682
블랙핑크	797만 9998

국내 팬덤 플랫폼 현황

플랫폼	운영사	특징
위버스	위버스컴퍼니 (하이브)	디지털 멤버십 도입
버블	디어유 (에스엠)	텐센트와 중국 진출 준비
베리즈	카카오 엔터테인먼트	글로벌 팬덤 플랫폼

생수를 달성한 온·오프라인 콘서트 스트리밍 서비스도 전 세계 팬들과 실시간으로 호흡하며 공연 현장의 생생한 감동을 선사하고 있다.

　아티스트가 출연한 영상 콘텐츠 다시 보기 및 실시간 시청 기능은 사용자의 체류 시간을 늘리며 트래픽 증가의 요인이 됐다. 팬들이 아티스트의 앨범, '머치(Merch)' 등 공식 상품을 손쉽게 구입할 수 있도록 쇼핑 기능도 탑재됐다. 음악산업의 원스톱 서비스를 제공하는 슈퍼 플랫폼 역할을 하면서 다운로드 수와 월간 이용자 수가 함께 늘고 있다.

　위버스의 서비스는 갈수록 고도화되고 있다. 위버스는 새 유료 멤버십 '디지털 멤버십'을 도입해 인공지능(AI)을 이용한 화질 개선 기능을 내놨으며 아티스트 영상을 오프라인으로 소장하는 기능까지 갖췄다. 또한 위버스는 아티스트와 1대1 메시지를 주고받는 서비스인 '위버스 디엠', 콘서트 선 예매 혜택과 전용 콘텐츠 시청권을 제공하는 '아티스트 멤버십'도 운용하고 있다.

　위버스의 1억 건 다운로드 돌파는 글로벌 아티스트와 팬덤에 맞춘 서비스에도 비결이 있다. 위버스는 BTS, 블랙핑크 등 글로벌 팬덤을 보유한 한국 아티스트는 물론, 제레미 주커, 뉴호프클럽(New Hope Club), 히라테 유리나(平手 友梨奈), AKB48, 이마세(imase) 등 해외 스타들까지 속

속 품으며 다양한 아티스트와 팬덤을 집결시킨 글로벌 플랫폼으로 성장했다.

가입자가 속한 국가 및 주요 지역의 수는 245개에 달한다. 이들을 위해 영어, 일본어, 스페인어 등 15개 언어로 실시간 번역 서비스가 제공된다. 공연장을 직접 찾지 못하는 해외 팬들은 콘서트 스트리밍 서비스를 통해 아티스트의 공연이 세계 어느 곳에서 열리든 실시간으로 즐길 수 있다.

지민(박지민), 정국(전정국)이 1위를 차지한 '빌보드 핫 100'은 스트리밍 실적과 음원 판매량, 라디오 방송 횟수 등을 종합해 매주 미국에서 가장 인기 있는 노래 순위를 집계하는 차트다. '빌보드 200'에 비해 비영어권 가수들이 뚫기 어려운 차트로 꼽힌다. 이렇듯 BTS를 포함한 다양한 글로벌 아티스트들의 팬들이 많아지고 있는 만큼 위버스는 이러한 글로벌 팬들의 니즈를 충족시키며 나라의 경계 없는 팬덤 플랫폼으로 성장했다.

FANDOM MIND

2. 같지만 또 다른 팬덤 보고서

BTS 팬덤 '아미'
vs.
임영웅 팬덤 '영웅시대'

MZ세대의 팬덤 마인드
글로벌 시대 연대의 팬덤, BTS '아미'

BTS의 팬덤은 아미다. BTS 이름 옆에 늘 함께하는 이들은 '아미(ARMY)'라는 이름의 뜻처럼 그들을 지키고 키워온 팬들이다. 아미는 BTS와 함께 성장했고 그들과 10년이 넘는 세월을 함께했다. 아미의 시작은 국내였지만 이제는 글로벌 팬덤으로서 가장 막강한 파워를 갖는다. 혼자가 아닌 서로의 연대를 통해 가수와 공감하고 취향을 공유하는 사람들.

아이돌 팬덤의 주 활동층은 대다수가 10대다. 그러나 아미의 주 활동층은 10~30대의 MZ세대 중심이다. 더 나아가 40대까지 포괄할 정

BTS 10th Anniversary Festa

도로 다양한 연령층의 여성, 남성 팬들에게 인기가 많다. BTS의 활동기간이 오래된 만큼 팬덤을 구성하는 층도 과거의 케이팝 팬과는 다른 특성을 갖는다.

이들은 가수와 기획사에게 자신들이 원하는 바를 정확히 나타냈으며 가수, 기획사, 팬덤의 수평적 관계를 완벽하게 보여주었다. 또한 팬들이 가수와 교감했을 때 어디까지 시너지를 낼 수 있는가를 교과서처럼 보여주었다.

단순한 팬을 넘어 가수를 키우고, 가수와 함께 성장할 수 있는 팬의 모든 것. 이들의 팬덤 마인드는 무엇이고 무엇에 열광하는지 알아보자.

아미의 차별점: 그들은 무엇이 다른가?

기존 케이팝 팬덤은 보통 다른 팬덤과 배타적이었고 같은 팬이어도 국내와 해외 팬덤은 철저히 배타성을 지녔다. 서로 교류하지 않는 건 기본이었고 팬들 안에서도 갈등과 반목이 수시로 일어났다. 그러나 BTS의 아미는 국내 팬덤과 해외 팬덤이 서로 마주치고 상호작용하면서 이해하고 하나가 되어가는 과정을 거쳤다.

팬덤 아미(ARMY, Adorable Representative MC for Youth)는 '사랑스러운 청춘의 대변자'라는 뜻을 가진 BTS의 팬덤이다(이지영, 2018). 약자인 Army는 군대라는 뜻으로 '방탄복과 늘 함께'라는 뜻이 내포되어 있다. 한마디로 '군대와 방탄복이 늘 함께 있듯이 가수와 팬이 언제나 함께하자'라는 뜻으로 지어졌다.

BTS와 아미의 관계는 그 어떤 팀보다 현실적이고 솔직하다. BTS

의 팬 송을 예로 들어보자. 보통 팬 송을 싣는 건, 어떤 가수가 감사를 표할 팬덤을 갖게 됐다는 뜻이고, 팬들에게 '고마워, 사랑해, 영원할게'류의 메시지를 담아내게 마련이다. 근데 BTS의 첫 번째 팬 송 '둘! 셋!'에는 "꽃길만 걷자" "그런 거짓말 못 해" "슬픈 기억 모두 지워" "웃게만 해주고 싶었는데"라는 가사가 있다. 포장하는 말 대신 진정성 있게 다가가며 아미 또한 이런 점에 반응한다.

'아미'가 다른 팬덤과 차별화되는 점은 크게 네 가지로 들 수 있다.

첫째, 가수와 함께 성장한 팬덤이다.

BTS에게 있어 팬덤 아미는 절대 빼놓고는 이야기할 수 없는 존재다. 한국인의 입장에서 우리는 어쩔 수 없이 민족주의 관점에서의 케이팝의 성취를 바라보게 되지만 BTS를 세계 음악의 정상에 올려놓은 아미의 대다수는 사실 민족적 자긍심과는 무관한 세계인들이다.

그들의 입장에서 BTS의 성공은 '한류'나 '케이팝'의 성공 그 이상의 것을 의미한다. BTS는 아미에게 신뢰를 주었으며, 함께 성장했으며, 함께 연대를 이뤄갔다. 아미는 BTS를 때로는 아들처럼, 때로는 친구처럼 대하면서 그들의 성장 과정을 지켜보았고, 이제는 세상을 향해 당당히 자신의 메시지를 이야기하는 BTS를 보면서 인생의 멘토처럼 느끼기도 한다.

아미는 BTS와 긴밀한 관계를 유지하며 그들을 응원했고 키워냈으며 세계적인 존재로 성장시켰다. 데뷔부터 현재까지 BTS의 행보에서 나타났듯이 그것은 BTS의 열심과 노력, 그리고 아미가 뒷받침해주는 '함께'의 서사다. '우리가 함께라면 사막도 바다가 돼'라는 아미의 슬로건처럼 이들은 불가능해 보였던 것들을 하나씩 맞추고, 성장시키고, 이뤄간다.

둘째, 팬덤 내의 치밀한 행동력이다.

"대중음악 역사에 수많은 거대 팬덤이 있었지만, 소셜미디어 음원 '총공', 음반 구매, 소셜미디어 바이럴, 모금 활동 등 팬덤의 조직적인 행동을 서구 사회에 이식하여 케이팝 팬덤 문화를 세계 시장에 알린 것이 바로 이들 '아미'다. 이들의 이러한 활동은 이후 톱스타 테일러 스위프트의 팬덤 '스위프티스(Swifties)' 등 다양한 형태로 뻗어나가며 대중문화의 방향을 팬덤 문화로 강하게 바꾸어놓았다.

실제로 BTS의 성공 뒤에는 데뷔 시절부터 그들을 헌신적으로 지지하고 응원해준 아미가 있다. BTS가 미국이라는 팝 시장에 진출할 수 있었던 중요한 이유 중의 하나도 미국 현지 아미의 라디오를 통한 적극적인 음원 홍보와 온라인 음원 구입에 있었다. BTS가 그들만의 성장 서사와 독특한 음악을 통해 전하는 소외된 자들을 위한 메시지와 긍정적인 삶의 가치 역시 아미 공동체에 의해 조직적으로 전 세계에 전파되고 있다.

셋째, 가수-팬클럽-기획사의 '힘의 균형'을 만들어냈다.

보통 가수와 기획사의 관계는 일방적이며 팬들은 단순히 가수의 음악을 듣거나 콘텐츠를 소비하는 역할을 해왔다. 하지만 BTS와 아미는 이런 전통적인 관계나 소비자를 넘어 BTS의 글로벌 성공에 적극적으로 기여했다. 아미는 단순한 팬 활동을 넘어 BTS의 성공에 큰 영향을 미쳤고, 팬과 소속사간의 상호작용 방식을 혁신적으로 변화시켰다.

또한 팬들이 콘텐츠 제작에 직접 참여하거나 자신의 발언을 강력하게 주장하면서 BTS의 콘텐츠 제작에도 실질적인 영향력을 행사했다. 특히 소셜미디어를 통해 아미가 만들어낸 팬 콘텐츠들은 BTS의 인기 상승에 중요한 역할을 했다. 그들은 트위터, 인스타그램, 유튜브 등 다양한 플랫폼에서 BTS와 관련된 사진, 동영상, 팬아트 등을 제작해 그들의 콘텐츠가 더 널리 퍼지게 만들었다.

2017년 'Love Myself' 캠페인은 유니세프와 협력하여 시작된 자선 캠페인으로 아미들은 BTS의 활동과 가치에 동참하며 자발적으로 기금을 모아 기부하거나 관련 캠페인을 홍보했다. 이런 협력은 BTS의 브랜드 이미지를 강화하고, 그들의 메시지가 전 세계로 확산되는 데 기여했다.

또한 팬들이 만든 번역 자막은 비영어권 팬들이 BTS의 음악과 메시지를 이해할 수 있도록 돕는 중요한 역할을 했다. 이로 인해 BTS는 영어를 사용하지 않는 국가에서도 큰 인기를 얻게 되었으며, 글로벌 아티스트로서의 입지를 다질 수 있었다.

넷째, 케이팝 문화에 직접적인 영향력을 행사했다.

BTS의 소속사인 하이브는 팬들의 의견을 실제로 반영해왔다. BTS와 하이브는 소셜미디어에서 팬들과 직접 소통하며, 아미의 피드백을 수용해 음악, 뮤비, 상품 기획에 적극적으로 반영하며 그들의 목소리를 중요시했다.

또한 하이브는 2020년 BTS 온택트 콘서트 '방방콘(The Live)'에서 팬들의 피드백을 반영해 인터랙티브한 요소를 추가했다. 팬들이 실시간으로 댓글을 달고 반응을 표현할 수 있도록 했으며 물리적 거리를 뛰어넘는 팬들과의 소통을 극대화했다. 이는 코로나19 팬데믹으로 인해 오프라인 활동이 제한된 상황에서도 아미와의 강한 유대감을 유지할 수 있게 했다.

이처럼 BTS의 글로벌 차트 성공은 단순히 그들의 음악적 성과를 넘어 팬들의 조직적인 지지와 홍보가 주요한 역할을 했다. 특히 빌보드 차트 1위를 달성한 'Dynamite'나 'Butter'와 같은 곡들은 아미의 자발적인 스트리밍, 음반 구매, 그리고 SNS에서의 활발한 활동이 성공에 큰 영향을 미쳤다. 팬들은 BTS를 위해 자체적으로 스트리밍 캠페인을 조직하고, 각종 미디어 플랫폼에서 적극적으로 BTS를 홍보하는 등 스스로 움직이면서 BTS의 글로벌 성공에 기여했다.

이러한 사례들은 BTS와 아미가 단순히 가수-팬 관계를 넘어서, 기획사와 팬이 함께 성장하는 새로운 형태의 팬덤 문화를 만들어냈다는 것을 시사한다. 팬들의 적극적인 행동들은 가수와 기획사의 결정에 반영되고, 이것은 더 나아가 가수의 성공으로 연결되는 구조를 낳았다.

about BTS: 성장하는 아티스트, 신뢰를 주는 아티스트

BTS는 처음부터 완벽한 팀, 세계적 스타가 아니었다.

BTS는 신생 기획사의 흙수저 그룹으로 탄생했으며 장르도 힙합 뮤지션 그룹으로 국내에서는 많은 인정을 받지 못하는 팀이었다. 신생 기획사인 만큼 팬층도 그리 두껍지 않았으며 'BTS'라는 낯선 이름을 아는 이들도 많지 않았다.

그렇다면 그들은 어떻게 국내를 넘어 그 어려운 미국과 유럽 음악

시장의 관문을 뚫고 세계 최고의 뮤지션 팀이 되었을까? 어떻게 전 세계를 아우르는 톱스타로 팬들의 사랑을 받았을까?

다른 스타와의 가장 큰 차이점은 BTS는 팬덤 아미와 끊임없이 공감하고 연대하며 신뢰를 주었다는 점이다.

이들은 수직적 관계 대신 늘 함께하는 수평적 관계를 중요시했다. 기존의 다른 아티스트들이 활용하는 방송국이나 홈페이지를 통한 팬과의 일방적 소통 대신 유튜브를 활용해 끊임없이 자신들의 영상을 팬들에게 보여주었다. 방송국에서 보여주는 완벽한 모습 대신 옆집 오빠처럼, 곁에 있는 친구처럼 그들의 일거수일투족을 '방탄TV'를 통해서 끊임없이 보여주었으며 그 과정에서 자신들의 솔직한 모습을 가감 없이 나타냈다.

그 과정에서 BTS가 가장 중요시했던 것은 팬과의 '신뢰'였다. 자신들의 생각을 곧 행동으로 나타냈으며, 가사로 음악으로 표현했다. 또한 BTS 멤버끼리만이 아니라 팬들과 끊임없이 교감하려고 노력했으며 그 결과 팬들에게 BTS와 아미는 늘 함께라는 생각을 갖게 했다.

미국이라는 거대산업이 기획해내지 않은 팀, 제도권의 힘과 자본이 강제하지 않은 팀, 아래로부터 비롯된 언더독의 서사가 증명된 팀이라는 세 가지 조건은 많은 이들을 응원하게 했고 희망의 아이콘으로 작용했다.

이제 그들은 데뷔 10년을 넘어 제2의 출발을 시작했다. BTS는 2022년 12월, 진의 입대를 시작으로 소위 '군백기'에 접어들면서 솔로 활동을 시작했고, 2023년 1월, 멤버 전원이 각각 솔로로 '빌보드 핫100'에 이름을 올리는 케이팝 역사상 최초의 기록을 세웠다. 또한 제이홉과 뷔, 정국의 솔로앨범이 세계 뮤직 어워드에서 속속 수상소식을 알렸다.

BTS 10th Anniversary Festa

2025년 6월, 드디어 BTS 전원이 군복무를 마쳤다. 군백기 동안 BTS의 완전체 결성을 오랫동안 기다려왔던 아미들에게는 너무나 반가운 소식이다.

과거 방송인 이금희는 자신을 아미라 소개하면서 군백기에 관해 이런 말을 했다. "모두가 서운하지만 BTS와 아미는 서로 신뢰하기 때문에 우리에게 군백기란 없다." 그의 말처럼 오랜 기다림 끝에 만난 아미와 BTS의 관계는 가수와 팬을 뛰어넘는 신뢰가 쌓여 있다.

지금의 BTS를 만든 이들은 바로 팬덤 아미다.

BTS의 기록들

BTS는 2020년 케이팝 최초로 '빌보드 차트 핫 100' 1위에 올랐고, 빌보드 역사상 처음으로 영어 가사가 아닌 노래로 정상을 밟았다. 앞서 BTS 등장 이후 케이팝 시장은 아시아에서 서구까지 확대돼 수출

사진: 연합뉴스

BTS 미국 3대 음악 시상식 수상 기록

(연도별 수상 부문명)

빌보드 뮤직 어워즈	아메리칸 뮤직 어워즈	그래미 어워즈
● 2017 톱 소셜 아티스트		
● 2018 톱 소셜 아티스트	● 2018 페이보릿 소셜 아티스트	
● 2019 톱 소셜 아티스트, 톱 듀오/그룹 **한국 가수 최초**	● 2019 페이보릿 소셜 아티스트, 투어 오브 더 이어, 페이보릿 팝 듀오/그룹 **비영어권 최초**	
● 2020 톱 소셜 아티스트 **4년 연속 수상**	● 2020 페이보릿 팝 듀오/그룹, 페이보릿 소셜 아티스트 **3년 연속 수상**	● 2021 63회 그래미 어워즈 베스트 팝 듀오/그룹 퍼포먼스 노미네이트
● 2021 톱 소셜 아티스트 **5년 연속 수상** 톱 듀오/그룹, 톱 송 세일즈 아티스트, 톱 셀링 송	● 2021 아티스트 오브 더 이어, **아시아 첫 대상 수상** 페이보릿 팝 듀오/그룹, **3년 연속 수상** 페이보릿 팝송	● 2022 64회 그래미 어워즈 (2022년 1월 31일) **베스트 팝 듀오/그룹 퍼포먼스 2년 연속 노미네이트**

2. 같지만 또 다른 팬덤 분고서: BTS 팬덤 '아미' vs. 임영웅 팬덤 '영웅시대'

국이 두 배 늘었고, 음반 수출액도 여덟 배 넘게 증가하며 지난해 2억 3,100만 달러(약 2,940억 원)를 넘어섰다. 실제로 BTS의 '소프트파워'가 유발한 국내 경제 효과는 10년간 42조 원으로 추산된다.

하지만 BTS의 특별함은 상업적 성공에 그치지 않는다는 데 있다. 이들은 가수를 넘어 전 세계의 청년을 대표하는 아이콘으로 세 차례 유엔 총회에 참석해 "변화에 겁먹지 말자"고 용기를 주고 "기후 변화에 관심"을 당부했다. 다양한 직업인과 여러 인종·세대와 함께 국제 수어로 춤추는 2021년 '퍼미션 투 댄스' 뮤비는 코로나 시대 세계인을 위한 응원가였다. 영국의 비틀스가 '이매진'으로 반전을 호소했듯 힘을 모으면 팬데믹을 이겨낼 수 있다는 희망을 전한 것이다.

이렇듯 BTS가 이룬 가장 큰 성취는 케이팝을 전 세계가 소비하는 음악으로 확장시켰다는 것이다. BTS의 성공과 넷플릭스로 인한 K 드라마의 선전으로 한류는 이제 소수 마니아층이 아니라 전 세계 일반인들이 즐기는 주류 문화가 돼가고 있다. 지난해 음원과 영상 등으로 벌어들인 수입과 지출을 비교한 이른바 '한류 수지'는 12억 3,500만 달러(약 1조 5,700억 원) 흑자로 역대 최대치를 기록했다. BTS가 세계 음악시장 정상에 오르면서 케이팝의 이미지 상승 또한 이루어졌기 때문이다.

BTS를 향한 수식어들

글로벌 성장 아이콘

2013년 유명 프로듀서 방시혁이 키운 힙합 아이돌 그룹으로 출

사표를 던진 BTS는 싱글 1집 '투 쿨 포 스쿨(2 COOL 4 SKOOL)'로 데뷔, 'I NEED U' '불타오르네' '피 땀 눈물' '봄날' 등 글로벌 히트곡을 줄줄이 내놓으며 케이팝 그룹으로는 처음으로 세계 최정상에 올랐다. '10대의 억압과 편견을 막아주는 소년들'이라는 의미를 담아 지은 팀명처럼 강렬한 퍼포먼스와 글로벌 SNS를 통한 적극적인 소통, 동시대 정서를 파고드는 음악이 그들의 최대 무기다.

데뷔 2년 만인 2015년 '화양연화' 시리즈의 'I NEED U'부터 케이팝의 글로벌 현상이 본격화됐다는 데 이견이 없다. BTS는 국내에 갇혀 있던 케이팝의 영토를 북미·유럽 등으로 글로벌 확장을 이끌었으며 BTS 이후 후발 아이돌의 해외 진출이 훨씬 수월해지는 낙수 효과를 가져왔다.

이들은 데뷔부터 현재까지 수없는 히트곡을 내놓으며 끝없이 성장했으며 변방의 국가라는 오명을 씻고 미국과 유럽 음악시장의 정상을 차지했다. BTS는 이러한 글로벌 성장 아이콘으로서 그 모습을 꾸준히 지켜나갔다.

모든 기록이 '최초'인 케이팝 그룹

BTS가 일궈낸 기록은 모두 '최초'다.

2018년 5월에 낸 정규 3집 "러브 유어셀프 전 '티어'"(LOVE YOURSELF 轉 'Tear')로 한국 대중음악 사상 처음 미국 빌보드 메인 음반차트인 '빌보드 200' 정상에 올랐고 이어 발표한 리패키지 "러브 유어셀프 결 '앤서'"(LOVE YOURSELF 結 'Answer') 역시 이 차트 1위를 차지하면서 존재감을 입증했다. 이어 내는 음반과 노래마다 빌보드와 영국 음반차트, 세계 최대 음원서비스인 스포티파이 등을 점령하면서 세계로 뻗어나갔다.

2020년 9월에 드디어 '다이너마이트'로 빌보드 싱글차트인 '핫 100' 정상에 등극해 이전 최고 기록인 2012년 싸이의 '강남스타일'(핫 100의 2위)을 넘어섰다. 자우시 685(Jawsh 685), 제이슨 데룰로(Jason Derulo) 와 콜라보 작업으로 낸 '새비지 러브', 한국어 가사인 '라이프 고스 온' 이 연이어 1위를 찍었다. '라이프 고스 온'은 빌보드 62년 역사상 처음 비영어 1위 데뷔곡이자 빌보드 200과 핫 100에 동시에 1위로 데뷔한 곡이라는 역사도 썼다. 이듬해에도 '버터', '퍼미션 투 댄스', 콜드플레이(Coldplay)와 컬래버한 '마이 유니버스'가 핫 100 1위에 올랐다.

BTS는 두 차트에서만 각각 여섯 차례 1위를 석권했고 2021년 미국 3대 음악 시상식인 '아메리칸 뮤직 어워즈'의 '아티스트 오브 더 이어' 수상과 그래미 어워즈 단독 무대를 꿰찼다. 코로나 팬데믹 기간인 2020년 2월에 발매한 정규 4집 '맵 오브 더 솔: 7'은 400만 장 넘게 팔리면서 세계 5대 음악시장(미국, 일본, 영국, 독일, 프랑스) 앨범 차트 정상에 오르는 대기록을 세웠다.

또한 지민은 3월 24일 발매한 솔로 앨범 'FACE'의 타이틀곡 'Like Crazy'가 '핫 100' 1위에 오르며 한국 솔로 아티스트 최초로 1위 기록을 세운 동시에 개인으로, 그룹으로 모두 1위 자리에 오른 최초의 한국 가수라는 기록도 안게 됐다.

희망·치유의 메시지를 외친 그룹

BTS는 2018년 9월 케이팝 그룹 처음으로 유엔 정기총회 연설 이후 2020년과 2021년 두 차례 더 유엔 무대에 섰다. BTS가 전한 "스스로를 사랑하고 네 자신의 목소리를 내달라"는 메시지는 전 세계에 큰 반향을 일으켰다.

전문가들은 BTS가 전하는 '자기 자신을 사랑하는 것이 진정한 사랑의 시작'이라는 메시지가 국적과 언어 장벽을 넘어 전 세계 청춘의 마음을 흔들었다 말한다. 이지영 한국외대 교수는 "BTS는 자기 자신을 긍정하고 사회와의 관계를 고민하는 건강한 메시지를 발신한다"며 "'LOVE YOURSELF' 시리즈 등의 가사를 보면 감동과 치유, 용기를 내게 하는 힘이 있다"고 말했다.

이렇듯 특유의 강렬한 에너지와 동 세대의 좌절감을 읽어낸 BTS의 음악은 케이팝 전체의 이미지도 바꾸고 있다. 코로나 시대 긍정적인 희망의 메시지를 가사에 담은 BTS 곡들과는 달리 빌보드 차트 내 상당수의 곡이 마약과 섹스 등 선정적 가사로 이뤄져 있기 때문이다. 그렇다 보니 미국 내 기성세대들은 케이팝에 대해서는 자녀들에게 상당히 호의적이다. BTS 멤버들의 생각과 사고를 담은 희망과 치유의 가사는 음악을 통해 세계인들에게 외치는 메시지가 되었다.

국적·인종·언어 장벽을 허문 그룹

BTS는 기존의 영미 중심의 문화가 아닌 범국가적인 소통과 정서를 실현했다. 특히 그들의 가사는 평범한 사람들이 느끼는 슬픔과 열망 등 보편적인 정서를 느끼게 함으로써 국적과 인종을 넘는 공감을 이끌어낸다.

BTS의 음악 속에 담긴 가사들은 새롭고 도전적이며, 어떤 면에서는 인문학적인 콘셉트로 자신들의 생각을 스토리텔링했다. 특히 헤르만 헤세의 《데미안》을 재해석한 뮤비는 그들의 야망과 이를 담을 그릇의 크기가 만만치 않다는 걸 보여준다. 이러한 상징을 통한 다양한 표현은 국적, 인종, 언어의 장벽을 허물고 나아가 휴머니즘을 이끄는 메시지가 되었다.

BTS의 음악세계: 긍정적 세계관, 건강한 주제

BTS의 음악을 살펴보면 그들 또한 처음에는 타인의 고민을 인식하기보다는 가볍게 '나는 나'라고 주장했다. "LOVE YOURSELF 結 'Answer'"(2018) 등에서 볼 수 있듯이 BTS는 자기 안의 다양한 모습과 남들의 평가로 인해 자신을 사랑하기 어렵다는 사실을 인정한다.

하지만 그들은 점차 타자인 팬들과의 관계 속에서 '나'를 사랑하는 방법에 대해서 고민하기 시작한다. BTS는 '자신이 누구인지, 무엇을 원하는지 알고자 했으며 그 속에서 자기 생각을 정리하기 시작했다. 이러한 변화는 특히 후반부 음악으로 갈수록 진화되어 간다.

BTS는 자신들을 향해 환호하는 팬들이 갖는 내면의 아픔과 슬픔을 접하고 그들의 고민에 공감하기 시작한다. 이는 자신의 세계를 넘어 타자의 세계, 즉 팬들이 사는 세상에 대한 고민을 함으로써 그들에 대한 사랑을 보여준다. 이 앨범들에서 작사는 여러 사람에 의해 공동으로 이루어졌지만, 결국 BTS를 통해 표출된다는 점에서 이들이 보여주는 사랑의 관점과 진화를 볼 수 있다.

BTS는 자신들의 노래 'Anpanman'을 통해 팬들을 위로하겠다는 사실을 전면에 내세운다. 정체성의 핵심에 위치시킴으로써 이러한 곤경에서 벗어날 길을 마련한다. BTS가 '단팥빵/노래'를 주는 대상으로서의 팬은 BTS의 자기정체성을 고민하게 하는 타자가 아니라 단순히 자신들을 사랑해주는 이상화된 타자로 기능하고 있다. 이처럼 BTS의

"LOVE YOURSELF結 'Answer'"는 나와 팬들에 대한 사랑의 최종적인 '결론(answer)'을 내놓았다기보다, 팬들과의 관계 속에서 그들이 하는 고민의 지향성을 보여주었다고 볼 수 있다. 이는 'MAP OF THE SOUL' 시기의 노래들이 'LOVE YOURSELF' 시기의 고민을 이어받는 것에서 확인할 수 있다. 'MAP OF THE SOUL'에서 나타난 '미로'란 인생을 비유적으로 일컫는 말이며, 인생이 미로인 까닭은 자신이 누구인지 끊임없이 답을 찾아가는 지난한 과정이기 때문이다. 이런 점에서 'MAP OF THE SOUL'의 'map'은 자신이 누구인지를 찾아가는 여정을 의미하고, 이때 핵심이 되는 것은 팬들과의 관계다.

이렇듯 BTS의 음악은 팬들을 진심으로 걱정하고 그들의 세계를 들여다보면서 정립된 팬들에 대한 사랑 이야기이자 자신들의 이야기다. '자신을 사랑하는 것'이 진정한 자아를 찾는 길이라는 그들의 메시지는 전 세계 아미들을 감동시켰고 그들의 음악을 지켜주는 세계관이 되었다.

당신은 어떻게 아미가 되셨나요?

팬들이 BTS를 처음 만난 것은 대체로 다양한 SNS를 통해서다. 유튜브에서 우연히 만난 후 팬덤 페이지를 소개하는 아미의 지도에 따라 BTS 음악의 세계로 들어오거나, 유튜브에서 유달리 많은 양을 차지하는 리액션 비디오를 통해서, 케이팝 가운데 우연히 BTS의 곡을 듣고 좋아서, 힙합이 강한 BTS의 음악을 좋아하다가 최애 멤버에 빠져서 팬이 되는 경우가 있었다. 혹은 '인스타그램' 같은 다른 SNS 플랫폼에 올라온 연습 장면을 보고 호기심에 유튜브를 찾거나 맞춤 동영상에 오른 BTS 뮤비를 보거나 하는 통로로 BTS 음악을 처음 접하게 된다. 어느 경우든 SNS 플랫폼은 핵심적 역할을 하며 아미뿐 아니라 전 세계 케이팝 팬덤의 특성이다.

과거 팬 활동의 시작이 TV나 라디오에서 처음 접하고 시작된 것과는 판이하게 아미들은 유튜브나 인스타그램과 같은 SNS로 그 시작을 알린다. BTS를 접하고 난 후 유튜브에 있는 수많은 영상을 통해 BTS의 춤, 공연, 다양한 영상들을 접하게 되고 그들을 좋아하는 사람들과 이야기를 하게 된다.

이렇게 아미의 세계로 들어오면 그때부터는 트위터 등과 같은 SNS의 세계로 빠져든다. 공식적인 팬들은 하이브의 '위버스'와 같은 팬 공식 플랫폼을 이용하지만 이와 함께 '트위터'가 많은 가수들의 다채로운 영상이나 이미지, 실시간 톡을 전달해준다.

이처럼 팬덤을 움직이는 기본 에너지는 스타를 향한 사심 없는 애정이다. 그 어떤 집단이 아무 이익 없이 그저 자신이 좋아하는 것을 위해 시간과 열정, 돈을 퍼부을 수 있을까?

팬덤은 인간 집단 중에서 가장 순수한 에너지로 뭉친 열정집단이다. 이모 팬들은 이모 팬대로, MZ세대 팬들은 MZ세대 팬대로 그들만의 열정과 순수한 마음으로 덕질을 한다. 팬들은 자기가 좋아하는 스타가 행복하길, 최고의 스타로 거듭나길, 점점 성장해주길 진심으로 바란다. 자신에게 오는 보상도, 대가도 바라지 않으며 온전히 그들의 지지자가 되어 자신의 스타를 위해 애쓰고 기도한다.

이들은 자신들이 부딪힌 힘든 현실의 벽과 정체성의 문제를 아미 활동을 통한 뜨거운 연대로 해소한다. 10대들은 또래 집단의 불확실한 미래와 고민, MZ세대와 이모 팬들은 아미 활동을 이들만의 팍팍한 세상살이의 즐거운 탈출구로 삼는다.

사례

주부 아미 K

 TV를 잘 보지 않아 아이돌 문화에 전혀 관심 없던 주부 아미 K씨는 아미인 친구의 '영업'으로 방탄을 소개받았다. 네이버로 실시간 생방송 되는 브이앱을 통해 일본 공연을 방금 마치고 모니터 앞에 앉은 멤버 지민과 처음 대면했을 때 그녀는 지민의 얼굴을 제대로 볼 수 없었다. 오십을 넘긴 아미 K씨는 방탄의 화려함보다는 방탄이 남긴 글에 더 이끌렸다고 고백한다.

 큰 모니터 화면에서 지민이 얼굴을 보자마자 바로 컴퓨터 전원을 껐어요. 처음 데이트하는 것처럼 가슴이 설레서 제대로 못 봤어요. 세 번이나 전원을 껐다 켰다 반복하다가 겨우 지민이 얼굴을 봤어요.

 내가 원하는 나이 든 모습이 이게 아닌데…. 내 존재에 대한 고민이 시작될 때 우연히도 방탄을 만난 거예요. '내 자신을 사랑하라, 내 자신의 목소리를 내라'는 글을 읽고 많이 울었어요. 방탄은 내가 소중하다는 내 존재의 의미를 깨닫게 해주었어요. 저에게 방탄은 세렌디피티, 제 인생에 우연히 찾아온 귀한 행운입니다.

회사원 아미 P

회사원 남자 아미 P씨는 '남자가 여자 아이돌을 좋아하지 왜 남자 아이돌을 좋아하느냐'는 주위의 곱지 않은 시선을 직접 경험했다.

> 뮤직비디오 처음 봤을 때 그냥 노래가 꽂혔어요. 남자 아이돌이지만 무대 퍼포먼스가 너무 멋있었거든요. 남녀를 떠나 음악이 너무 좋으니까 자연스레 방탄을 좋아하게 된 것 같습니다.

고등학생 아미 O

하루 일과의 시작과 마무리에 방탄의 공연 영상과 일상 영상, 그리고 댓글들을 찾아보는 과정에서 아미 O씨는 색다른 경험을 했다. 아미 O씨는 방탄을 만나기 위해 투자한 많은 시간과 관심은 자신이 꿈꾸는 사람을 닮아가고, 새로운 이상향을 발견하는 과정이었다.

> 공부 빼곤 내 개인 생활은 거의 그냥 눈 딱 뜨면 핸드폰 앱을 들어가서 하루 종일 그것만 했죠. 저는 어떤 것에 관심이 생기면 그걸 좀 깊게 파는 편이에요. 의도하지는 않았지만 자연스럽게 닮아가는 거를 느꼈어요. 또 다른 제가 막 보이기도 하고. 다른 세상이 있다는 것을 배우는 거 같았어요. 방탄을 매일매일 보러 다니는 게 저에게 많은 영향을 줬다고 생각해요.

> **회사원 아미 Y**
>
> 회사원 아미 Y씨는 온라인 커뮤니티에서 '마음이 힘들 때 도움이 되는 방탄 가사 모음'을 통해 입덕했다.
>
> 제가 제 기분에 따라서 제가 처한 상황에 따라서 '오늘은 이 노래 들으면 좋겠다' '오늘은 이 뮤비가 필요해' 이러면서 제가 그들의 음악을 주체적으로 찾기 때문에 쏙쏙 들리는 거죠. 그때만큼은 맘이 편해져요.

BTS와 관련된 방대한 자료를 팬들이 스스로 적극적으로 찾는다는 것은 다양한 유형의 정보를 경험한다는 것을 의미한다. 팬들이 직접 적극적으로 정보를 찾으면서 자연스레 가수로서의 매력뿐 아니라 다른 매력을 발견할 가능성이 커지기 때문이다. 스타로만 생각했던 BTS의 인간적인 매력을 발견할 수 있게 된다.

무대 위에서 스타가 제공하는 화려한 볼거리 이외에도 감정적인 몰입과 동일시를 통해 자신이 발견하지 못했던 새로운 자아를 경험하기도 하고, 심리적인 위로를 받기도 한다. 따라서 팬들은 미디어가 제공하는 무한한 정보 속에서 자신이 원하는 정보를 찾고, 그 과정을 통해 공적인 BTS의 이미지뿐 아니라 자신과 유사한 사적인 BTS의 이미지를 발견한다.

동일시: 팬들은 자신과 닮은 스타를 좋아한다

많은 팬들은 유튜브와 같은 영상을 통해 BTS 콘텐츠에 접근하고 트위터와 같은 BTS 멤버들의 다양한 소셜미디어 활동을 통해 친근한 관계가 성립되면서 자신만의 좋아하는 멤버, 최애가 생겨난다.

특이한 것은 멤버의 성격이나 능력이 좋아서 그들을 좋아하기도 하지만 자신과 가장 닮은 멤버를 선택하기도 한다는 데 있다. 자신에게 없는 것을 지닌 멤버들에 대한 '선망'이라기보다는 자신과 닮은 멤버들과의 '동일시'를 통해 스스로를 긍정적으로 이해하는 과정이라는 점이다. 이러한 동일시는 가수와 자신을 일치시키기 때문에 욕망의 대상과 자신 간의 괴리가 없다.

이러한 '동일시'의 감정은 철저히 유대감을 전제로 한다. 대상에 대한 유대감은 점차 그들과 관점을 함께 공유하는 방식으로 변화한다. 즉 유대감을 경험하던 팬들은 점차 스타와 동일시되어 그들의 관점으로 세상을 바라보게 되는 것이다.

이것은 팬들이 고백하는 "내가 가장 어려울 때 BTS가 나를 구해주었다"라는 고백에서 잘 나타난다. 팬들은 자신이 가장 힘든 상황일 때, 타고난 흙수저이자 고달픈 연습생 시절을 극복하고 성공한 BTS의 모습, 그중에서도 자신과 닮은 최애 멤버를 통해 '나도 할 수 있어'라는 용기를 얻는다. 이러한 동일시는 BTS가 세계적 성공을 이루고 이로 인해 자신의 최애 멤버와 자신의 거리가 멀어졌다고 생각하기보다는 계속해서 응원하는 팬덤을 가능하게 한다.

BTS는 대부분 트위터와 같은 SNS를 통해 자신들의 평범한 모습, 수수한 일상을 그대로 보여준다. 화려한 공연이 끝나고 호텔방에서 벌이는 BTS 멤버들의 먹방이나 스테이크에 이어 먹는 컵라면 등이 그런 역할을 한다. 팬들은 이를 통해 그들이 큰 성공을 거두었지만 실제로는 여전히 나와 비슷한 동일시의 대상이 된다고 느끼게 된다.

> **사례**
>
> **대학생 아미 I**
>
> BTS는 단순하게 자기를 좋아해주는 팬 거기서 그치는 게 아니라 아미들이 자신들에게 이러한 영향을 줬고, 그래서 자신들이 여기까지 올 수 있었다고 콘서트 때도 그렇고, 인터뷰 때도 계속 얘기해요. 그러니까 팬들도 나도 '누군가에게 이런 영향을 줘야 되겠구나'라고 생각해요. 아이돌과 팬 이상의 감정이라고 해야 하나. 믿음 때문에.
>
> **대학생 아미 J**
>
> 전에는 생각 못 했던 내 정체성을 깨닫게 해줘요. 되게 고마운 게 내가 좋아서, 공부하기 싫어서 말 그대로 덕질한 것뿐인데, 그런데 방탄 멤버들은 그렇게 고맙다고 생각을 해요.
>
> **대학생 아미 L**
>
> 멤버 슈가가 "넘 무서워. 여기까지 꿈꿨던 목표보다 훨씬 높게 올라왔는데 언제 나락으로 떨어질지 모르니까 어떻게 할지 넘 무서워"라고 고백하는 영상을 브이앱을 통해 보면서 꼭 내 모습 같아 마음이 아팠어요. 저도 고3 때 집안에서 첫째라 물어볼 사람도 없고, 어떻게 해야 할지 정말 막막했거든요. 입시도 엄마 때랑 달라서 물

어볼 수도 없고.

직장인 아미 B

유튜브나 브이앱에서 멤버들이 한강에서 자전거 타는 일상을 봤는데 한 멤버가 들른 미술관이 바로 제가 갔던 곳이더라구요. 거기다 내가 간 식당이 그 멤버가 자주 오는 단골 식당이란 것을 알게 되면서 자연스럽게 친밀감이 생겼죠. 멤버들이 저와 비슷한 취향과 문화를 공유한다는 건 참 기분 좋은 일이었어요.

대학생 아미 S

대학생 아미 S는 덕질이 자신에게는 공부뿐만 아니라 세상을 바라보는 자세에도 많은 영향을 미쳤다고 했다. 그는 콘서트에서 방탄의 리더 RM이 했던 멘트를 아직도 생생하게 기억한다.

"RM: 여러분(아미)이 내일 더 나은 사람이 되었으면 좋겠어요. 우리의 노래가 여러분에게 1%라도 도움을 줄 수 있다면 그걸로 만족해요."

중학생 아미 E

'자신의 모습을 숨기지 말고 있는 그대로 보여줘'라는 메시지를 소심한 내가 그대로 따라 하고 있더라구요. 학교 갈 때도 기분이 좋고, 웬만한 악플을 봐도 참을 수 있고. 주위 사람들이 그랬어요. 행복해 보인다고.

초등학생 아미 G

초등학생이었던 아미 G는 방탄을 좋아하면서부터 많은 변화가 생겼다. 주위에 도움이 필요한 사람들이 많다는 사실, 그리고 이 사람들에게 도움을 주고 싶어 하는 사람들 역시 적지 않다는 사실을 배웠다.

방탄의 영향을 받아, 집안 형편이 좋지 않은 친구들, 학교를 갈 수 없는 아이들, 그리고 아픈 사람들에게 도움을 주고 싶은 마음이 생기면서, 자신도 실천하고 싶은 마음이 생겼다. 주변 사람들에게 말도 이쁘게 하려고 하고, 친구들에게 잘해주려는 마음은 방탄 콘서트에서 직접 만든 굿즈와 포스터를 나눠주는 행동으로 이어졌다. 방탄이 기부하는 것을 보고, 엄마에게 기부 저금통을 만들어달라고 하면서 '나도 나중에 돈 벌면 BTS처럼 기부하겠다'는 다짐을 했다.

BTS와 아미 사이의 인간적인 신뢰감은 팬들 스스로에게 향한다. BTS는 항상 아미에게 고마움을 적극적으로 표현하면서 함께 있다는 동질감을 느끼게 하는 동시에 아미 자신 스스로를 돌아보게 하는 계기를 제공한다.

BTS가 데뷔 시절부터 어떻게 올라왔고 어떤 밑바닥 생활을 했는지를 아미들은 알기 때문에 이들의 인간적 고민은 오랫동안 BTS를 지켜본 아미에게 자신의 고민이기도 한 것이다. BTS의 고민은 자신의 고민이기도 하며, 자신의 비슷한 상황에 빗대며 스스로 성장하는 모습을 보인다.

이처럼 일반적으로 팬이 스타와 객관적인 심리적 거리를 두고 형성하는 가상의 관계는 보통의 유사사회적 관계와는 전혀 다르다. 한마디로 이들은 심리적 거리감이 전혀 느껴지지 않는 관계, 즉 동일시를 경험하는 것이다. 실제로 아미들이 느끼는 BTS에 대한 이미지는 누구보다 가까운 친구와도 같다.

혼자보다는 함께, 아미들의 활동

아미들의 활동은 크게 BTS 관련 콘텐츠 생산, 집단적인 온라인 활동과 오프라인 활동으로 나눌 수 있다. 이들은 단순히 음악을 소비하는 것을 넘어 다양한 방식으로 조직적인 활동을 보인다.

첫째, 콘텐츠 소비와 홍보

팬들은 앨범 발매 시 스트리밍을 통해 차트 순위를 올리기 위한 공동 스트리밍 캠페인을 진행한다. 또한 트위터, 인스타그램, 유튜브 등 다양한 SNS에서 BTS와 관련된 콘텐츠를 공유하고, 해시태그 운동을 통해 BTS 활동을 전 세계적으로 알린다.

둘째, 생일 축하 이벤트와 기부 캠페인

아미들은 BTS 멤버들의 생일을 맞아 팬 이벤트를 기획하고, 기부나 공익 캠페인을 통해 BTS 멤버를 기념하는 활동을 전개한다. 예를 들어, 멤버 이름으로 나무를 심거나 빈곤층 아동을 돕는 등 다양한 활동을 한다.

이러한 활동은 평소 가수의 메시지와 행동에서 영향을 받는다. 아미들은 자선단체에 기부하거나 사회적 이슈에 대해 인식을 높이는 캠페인 등 팬덤의 이름으로 자발적인 사회활동을 한다.

셋째, 콘서트 참여와 응원

아미들은 콘서트나 팬미팅에 적극적으로 참여하기 위해서 서로의 정보를 공유하고 응원법 등을 학습한다. 특히 글로벌 팬들을 위한 배려가 눈에 띄며 응원 구호나 응원봉 사용법 등을 미리 학습하고 연습한다.

넷째, 문화교류와 번역활동

글로벌 팬들이 많은 BTS의 팬덤은 가사나 인터뷰를 이해하기 위한 한국어 배우기가 많고 한국의 음악, 영화, 음식 등 다양한 문화 정보를 나누고 교류하기도 한다. 또한 번역은 팬들에게 중요한 수단으로 글로벌 팬들이 직접 BTS의 콘텐츠(가사, 인터뷰, 영상 등)를 번역해 자신들의 언어로 공유하고, BTS의 메시지를 나눈다.

다섯째, SNS를 통한 팬덤 네트워크 형성

다양한 나라에서 활동하는 만큼 아미들은 SNS, 팬 커뮤니티 플랫폼을 통해 서로 소통하고 BTS와 관련된 정보, 사진, 영상 등을 공유하며 팬덤 문화를 만들어간다. 아미들은 트위터에서 유튜브 스트리밍, 위키피디아 영문 페이지 방문, 각종 순위 투표, 리트윗과 해시태그를 이용한 트윗 발생 수 높이기 등 빌보드 차트와 각종 순위 선정에 반영되는 모든 활동을 수시로 체크하고 독려한다.

스타와 팬은 동등하다: 수평적 관계의 중요성

팬덤과 함께라는 문화적 인식

20세기 가수와 팬의 관계는 사랑을 받는 가수와 사랑을 하는 팬들의 수직적 관계가 대다수였다. 그 결과 가수들은 자신의 일거수일투족을 노출하지 않는 베일에 쌓인 이미지를 연출했으며 팬들은 무대 위에서 보는 가수들의 모습을 사랑하고 열광하는 구조를 띠었다.

하지만 BTS는 그러한 가수와 팬의 구조를 완전히 변화시켰다. 쌍방향 소통구조가 가능해진 시대를 맞이하면서 BTS는 유튜브와 SNS를 통한 소통을 중시했고 자신들의 모습을 무대 위에서뿐 아니라 일상에서까지도 보여주며 팬들과 교감하고자 했다. 또한 언제나 아미와 함께라는 인식을 팬들에게 심어줌으로써 자긍심과 믿음을 주었다.

그 결과 팬덤 아미는 BTS에게 열광했으며 기존의 가수와는 전혀 다른 방식으로 반응했다. 아미(ARMY)는 마치 군대를 연상케 하는 막강한 결속력으로 전 세계 팬들을 하나로 모았으며 가수에게 전폭적인 지원과 사랑을 보냈다. 이들은 단순히 굿즈나 음반을 구매하거나 SNS 글을 리트윗하는 차원을 뛰어넘는다. 팬들이 직접 2차 창작물을 제작하고 BTS의 유튜브 동영상 게시물을 각 나라의 언어로 번역해 해외 팬덤을 확산시켰다. 이러한 팬덤의 적극성과 가수를 향한 지원은 지금의 BTS를 탄생시켰으며 가수와 팬덤의 관계는 떼려야 뗄 수 없는 관계가 되었다.

SNS를 통한 쌍방향 커뮤니케이션

SNS는 BTS의 글로벌 진출에 날개를 달아준 일등 공신이다. 중소기획사 출신이라 SM, YG 같은 대형기획사에 비해 매스미디어 노출이 상대적으로 적었던 이들이 택한 전략은 SNS를 통한 팬들과의 커뮤니케이션이었다. BTS는 데뷔 전 자체 블로그(bts.ibighit.com)와 유튜브(youtube.com/BANGTANTV) 계정을 통해 믹스테이프 작업일지를 공개하며 팬들과 소통해왔다.

또한 데뷔 후에는 멤버 일곱 명이 하나의 트위터 계정을 통해 이른바 '방탄밤'이라고 불리는 자신들의 일상 동영상을 공개했다. 무대 위 카리스마 넘치는 모습과 달리 장난기와 허당기가 넘치는 케이팝 스타들의 일상은 해외 유튜버들의 시선을 끌었다. 현재 BTS의 트위터 계정은 국내에서 가장 많이 트윗된 계정으로 선정되었으며 이러한 관계를 바탕으로 BTS의 트위터 팔로워는 지금도 한 달에 100만 명꼴로 늘고 있다. 이들은 미국 시사주간지 타임이 꼽은 '인터넷에서 가장 영향력 있는 25인'에 한국인 중 유일하게 선정되기도 했다.

이처럼 SNS는 이제 대중음악 산업에서 빼놓을 수 없는 커뮤니케이션의 창구가 되었다. 가수와 기획사는 끊임없이 자신들의 정보를 유튜브와 다양한 SNS를 통해 보여주며 소통하는 데 노력을 아끼지 않는다. BTS와 아미의 이러한 소통구조는 다른 가수들에게 좋은 모범이 되었다.

팬들을 기획하고 홍보하게 하라

팬덤 내에서의 홍보와 마케팅은 웬만한 기업과 비교가 안 된다.

팬들은 자신들의 스타가 음원 사이트에서 차트인 할 수 있도록 조직 차원에서 노래를 반복적으로 스트리밍한다. 그뿐 아니라 음악 방송 1위 선정 방식, 언론에 보도되는 화제성 지수 집계 방식 등을 분석해서 팬들이 그에 최적화된 방식으로 스타를 소비할 수 있도록 유도한다. 간혹 사람들이 필요로 하는 정보가 담긴 글을 게시하면서 글 안에 자신이 좋아하는 스타를 영업하는 내용을 함께 첨부하기도 한다. 일종의 끼워 팔기 방식이다. 그뿐만 아니라 음원 스트리밍, 댓글 관리, 연관 검색어 관리, 기사 관리 등 소속사 홍보실에서 할 만한 업무부터 스타 관련 악플까지 하나하나 PDF 파일로 만들어 소속사에게 보낸다.

이러한 팬들의 전략은 서로에게 공유되며 학습 효과를 강화한다. 팬들은 이러한 문화를 도제식으로 학습하면서 더 전문적인 전략가가 되어간다.

"'차별화'라기보다는 아미가 '특화'된 것들이 있다고 본다"라고 한 40대 여성 팬 C씨는 "어디에 내놔도 부끄럽지 않은" 아미의 활동으로 '방탄소년단 음원정보팀(52Hz)'과 전 세계 아미 자선단체 '원 인 언 아미(One In an Army)'를 꼽았다. '방탄소년단 음원정보팀(52Hz)'은 상황에 맞게 BTS의 노래를 들을 수 있는 플레이리스트 '방플리'를 비롯해 음원 총공 공부, 응원법 외우기, 각종 차트 추이 확인 등 다양한 정보를 정리해 공유한다. 소속사 하이브 뮤직이 'BLM(Black Lives Matter, 흑인의 목숨도 소중하다)' 운동단체에 100만 달러를 기부하자, 아미는 '원 인 언 아미'를 통해 인종차별 반대 운동단체에 기부할 수 있게 페이지를 만들었고 100만 달러 이상을 모금해 화제를 모았다.

내 가수 이름으로 통 크게 기부한다, 팬덤 스케일

BTS는 아미들을 위해 다양한 팬 이벤트와 기부활동을 한다. 아미들은 이러한 BTS에게 화답하며 BTS에게 좋은 일이 있거나 사회적인 이슈가 있을 때 가수의 생각에 동참하고 환호한다. BTS의 얼굴이 곧 자신들의 얼굴이라는 가수에 대한 애정은 그들을 사회 이슈에 눈뜨게 하고 다양한 기부 문화를 낳았다.

첫째, 생일 기념 기부 캠페인

아미들은 BTS 멤버들의 생일을 축하하기 위해 매년 다양한 기부 활동을 펼친다. 특히 생일을 기념해 멤버의 이름으로 기부하거나 공익 캠페인을 진행하는 경우가 많다.

예를 들면 2019년 RM의 생일을 맞아 아미들은 코알라 서식지 보호 기금에 기부하고 RM의 자연과 환경 보호에 대한 관심을 기념했다. 평소 RM이 코알라를 좋아하고 환경 문제에 대해 자주 언급한 것에서 영감을 받았다.

제이홉의 생일에는 국제 구호단체 'ChildFund Korea'에 제이홉의 이름으로 거액의 기부가 이루어졌다. 이는 제이홉이 자신의 생일 때마다 기부하는 활동에서 영감을 받았다.

둘째, 앨범 발매 기념 기부

2020년 BTS의 앨범 'MAP OF THE SOUL: 7' 발매 당시, 아미는 전 세계적으로 기부 캠페인을 펼쳤다. 아미들은 앨범을 축하하는 의미로 기아 퇴치, 환경 보호, 아동 교육 등 다양한 분야에서 기부활동을 진행했다.

셋째, 코로나19 대응 기부

코로나19 팬데믹이 전 세계적으로 확산되었을 때, 아미는 BTS와 함께 코로나19 대응을 위한 기부활동을 적극적으로 펼쳤다. 2020년 BTS와 아미는 전 세계 의료진을 지원하기 위해 코로나19 구호 기금에 기부했다. 한국의 아미들은 BTS의 이름으로 대한적십자사와 의료단체에 마스크, 손소독제, 의료 장비 등을 기부하며 팬덤의 힘을 모았다. 이외에도 세계 각지에서 BTS를 사랑하는 마음으로 모금 활동을 진행하고, 지역사회를 돕는 일에 동참했다.

넷째, 환경 보호 활동

아미는 BTS 멤버들의 실천을 보고 다양한 환경 보호 활동을 자발적으로 기획했다. 지민의 생일을 맞아 팬들이 플라스틱 사용 줄이기 캠페인을 벌이거나 숲 조성 프로젝트에 기부하는 등 환경을 위해 힘쓰는 활동들이 주를 이룬다. 예를 들어, 필리핀 아미들은 지민의 생일을 기념하여 현지 숲에 나무를 심는 프로젝트를 진행했다. 이는 멤버가 자주 언급하는 환경 보호의 가치를 기념하는 의미다.

다섯째, 소외계층을 위한 기부

BTS의 팬들은 BTS의 노래 가사와 인터뷰에서 언급된 소외계층 지원에 대한 메시지를 실천하며, 빈곤층 아이들을 위한 기부, 난민 지원, 자선단체 후원 등을 꾸준히 이어오고 있다. BTS의 이름으로 지역 아동센터, 보육원, 장애인 지원시설 등에 기부금을 전달하거나 생필품을 기부하는 활동을 전개해왔다. 또한, 팬덤 내에서 모금을 통해 학대받은 어린이, 노숙자, 노인들을 돕는 활동도 활발하게 이루어지고 있다.

여섯째, BTS의 자선 활동에 영감을 받은 팬 기부

BTS가 직접 참여한 자선 활동이나 기부에 팬들이 자극을 받아 비슷한 활동을 전개하는 경우도 많다. 예를 들어, BTS는 2017년부터 유니세프(UNICEF)와 함께한 'LOVE MYSELF' 캠페인을 통해 전 세계 청소년들에게 폭력 없는 세상을 만들자는 메시지를 전하고 관련 기금을 모금해왔다. 아미 역시 이 캠페인에 동참하며 전 세계의 아동 및 청소년들을 위한 기부를 꾸준히 이어가고 있다.

무조건적인 추종은 NO!
팬덤은 자신들의 의견을 수용하고 반응하는 가수를 사랑한다

과거 팬과 스타의 관계는 대부분 팬들이 일방적으로 스타의 행동을 추종하고 열광하는 구도를 띠었다. 그러나 21세기 이후 팬덤의 문화는 급격하게 변화한다. 팬들 사이의 문화 연대가 일상화되고 그들 속에서 정보교류가 일어나면서 하나의 문화집단으로서 팬들은 가수와 동등한 관계를 원한다.

취향으로 연대를 이룬 이들은 스타와의 구도에서도 큰 변화를 나타낸다. 기획사로부터 스타와 관련된 다양한 정보를 받는 구도를 넘어 스타와 관련한 사건 사고가 터지면 팬들은 강하게 피드백을 요구하고, 소속사의 피드백이 마음에 들지 않을 경우 재차 수정이나 시정을 요구하기도 한다.

사례 1
여성비하 가사

초기 BTS 노래 중에서 여성비하 가사와 관련해 아미들이 문제제기를 한 사건이 있다. 바로 BTS의 초기 곡 '호르몬 전쟁'으로 "여자는 최고의 선물이야"라는 가사, RM의 믹스테이프 '농담'에서는 "그래 넌 최고의 여자, 갑질"이라는 가사로 여성혐오를 조장했다는 비판에 직면했다. 팬들은 소셜미디어와 팬 커뮤니티에서 이 곡들의 가사가 여성을 성적 대상화하거나 비하하는 내용이 담겼다고 비판했으며 아미들은 이러한 가사들이 그들의 이미지를 손상시킬 수 있다고 경고했다.

그러자 당시 소속사 빅히트 엔터테인먼트(현 하이브)는 이에 대해 빠르게 공식 입장을 내놓았다.

"가사를 다시 검토해 창작 의도와 관계없이 여성 비하에 대한 오해 소지가 있을 수 있다는 점을 알게 됐다"고 인정하며 "콘텐츠 제작에 있어 좀 더 신중하지 못했던 점과 많은 분께 심려를 끼쳐드리게 된 점에 대한 책임을 크게 통감한다"고 사과했다. 또한 앞으로는 가사 내용에 더 주의하고, 이러한 문제가 반복되지 않도록 노력하겠다고 약속했다.

이 약속은 일회성에 그치지 않았다. BTS는 이후 발표한 곡들에서 성평등에 대한 메시지를 담기 시작했고, 가사 내용도 보다 조심스럽고 성숙해졌다. 팬들의 비판을 수용한 BTS는 성별이나 나이에 상관없이 공감할 수 있는 메시지를 전달하는 데 집중하게 되었고, 자신들의 플랫폼을 통해 인권, 정신 건강, 사회적 불평등 등 중요한 주제들을 다루기 시작했다.

이 사건을 계기로 BTS는 사회적인 문제에 대한 관심과 성숙한 시각을 담은 앨범들을 발표하면서, 팬들과의 신뢰 관계를 더욱 공고히 했다. 예를 들어, 'Love Yourself' 시리즈는 자아 존중과 자기 사랑을 주제로 다뤘고, 여성 비하적인 요소는 전혀 찾아볼 수 없는 가사들로 채워졌다. 이를 통해 점차 더 깊이 있는 사회적 메시지와 개인적인 고민을 다루는 가사들이 주를 이루게 되었다.

당시 빅히트 엔터테인먼트 공식 팬카페 사과문(2016.7.6)

소속사 빅히트 엔터테인먼트는 당시 공식 팬카페를 통해 "2015년 말부터 BTS 가사 내 여성혐오 논란이 있음을 인지하고, 가사를 다시 검토한 결과, 내용 중 일부가 창작 의도와는 관계없이 여성 비하에 대한 오해의 소지가 있을 수 있고, 그로 인해 많은 분에게 불편함을 야기할 수 있다는 점을 알게 됐다. 불편함을 느끼신 모든 분과 팬 여러분께 매우 죄송스럽게 생각하며, 이러한 지적 사항과 문제점을 앞으로의 창작 활동에 지속적으로 참고하고자 한다"고 사과했다.

이어 "대중문화 트렌드를 만들어나가는 아이돌 그룹의 일원으로서 멤버들의 발언이나 행동 등이 여러 사람과 사회에 큰 영향을 끼칠 수 있음을 인지하고 있다. 콘텐츠 제작에 있어 좀 더 신중하지 못했던 점과 많은 분께 심려를 끼쳐드리게 된 점에 대한 책임을 크게 통감하고 있다. 부족한 점에 대해 지적해주시면 더욱 노력하는 자세로 팬들과 사회의 조언에 귀 기울이도록 하겠다"고 전했다.*

사례2

인종차별과 관련된 지적

BTS가 글로벌 아티스트로 성장하면서 전 세계의 인종과 문화에 대한 감수성은 더욱 중요해졌다. 국제 아미들은 이 부분에 대해 매우 민감하게 반응했으며 필요한 경우 비판을 통해 BTS가 더 나은 방향으로 나아가도록 요구했다.

---

* 동아일보, https://sports.donga.com/ent/article/all/20160706/79053174/1

활동 초기 BTS 멤버들이 타 인종에 대한 발언이나 행동들이 간혹 논란이 되면서 팬들은 소셜미디어를 통해 이 문제를 논의했고, BTS가 다양한 문화와 인종에 대해 더 민감하게 행동할 것을 요구했다. 이에 대해 BTS는 공식적으로 사과하지는 않았지만, 이후 인터뷰나 공식 활동에서 인종, 문화에 대한 표현을 더욱 신중하게 다루기 시작했다.

사례3

사회적 이슈에 관련된 지적

1) 멤버 지민의 '원폭 티셔츠' 사건

2018년 멤버 지민이 한 영상에서 히로시마 원자폭탄이 터지는 장면이 담긴 원폭 티셔츠를 착용하자 일본 측이 그것을 문제 삼아 일본 음악방송 출연을 취소하는 사건이 벌어졌다. 이에 대해 아미들은 찬반양론이 불거졌으며 이 사건은 일본에서 특히 민감한 문제로 다뤄졌다.

또한 비슷한 시기, BTS가 나치 상징과 연관된 무대 소품을 사용한 과거 영상이 회자되면서 반유대주의 논란까지 겹쳤다. 이를 계기로 팬들 안에서도 찬반토론이 벌어졌으며 팬들은 소셜미디어를 통해 BTS와 소속사에 입장을 요구했다.

결국, BTS는 이러한 논란에 대해 정식으로 사과했고, 일본원폭피해자협회 관계자들은 BTS의 사과를 받아들였다. 이 사건을 통해 BTS와 소속사는 역사적 민감성을 더욱 신중하게 다룰 것을 약속했다.

아미는 '원폭 티셔츠' 사건 이후 일어난 일련의 상황을 하나의 '백서(WPP, WHITE PAPER PROJECT)'로 만들었다. 음악방송 출연 취소 등 당시 벌어진 일련의 상황을 팬들 스스로 머리를 맞대고 고민해 정리한 보고서다. 이 사건을 둘러싼 역사적이고 사회적인 맥락, 언론의 보도 태도, 팬덤 내부의 반응 등을 100장 정도의 소논문 형식으로 정리했으며 팬들 스스로가 어떻게 이해하고 소화할 것인지 돌아본 의미 있는 자료라 할 수 있다.

2) Black Lives Matter 운동

2020년 미국에서 시작된 Black Lives Matter (BLM) 운동에 대한 대응이 BTS와 아미 사이에서 큰 이슈가 되었다. 당시 많은 아티스트와 유명 인사들이 BLM 운동에 대한 지지를 표명했으며, BTS의 팬들은 BTS가 항상 인권과 평화를 중요하게 언급해왔기 때문에, 이번에도 BTS의 입장을 명확히 할 것을 요구했다. 이에 BTS는 공식 SNS 계정을 통해 BLM 운동을 지지하는 메시지를 발표하고, 100만 달러를 기부했다. 아미 역시 BTS의 기부에 동참하여 같은 금액을 모아 기부했으며, 팬덤과 아티스트가 함께 행동하는 모습을 보였다.

BTS의 팬덤 아미는 BTS의 가장 든든한 지지자이자 방패이지만 한편으론 BTS에게 가장 먼저 회초리를 드는 이들이기도 하다. 아미는 BTS를 사랑하고 응원하지만, 그들의 선택을 언제나 맹목적으로 지지하는 집단은 아니라는 점은 과거의 팬덤과의 차별점이라 할 수 있다.

이들은 국내와 해외 팬들이 하나의 연대를 맺으며 BTS가 인종과 문화에 대해 더욱 민감하고 책임감 있게 행동할 것을 요구하는 적극적인 역할을 해왔다. 이러한 비판과 요구는 BTS가 글로벌 아티스트로서 더 나은 방향으로 나아가도록 돕는 중요한 역할을 했으며, BTS도 팬들의 목소리에 귀 기울이고 스스로 개선하려는 노력을 지속해왔다.

물론 언제나 팬들의 목소리가 하나인 것도 아니고, BTS나 소속사가 언제나 아미들의 목소리에 귀 기울여주는 것도 아니다. 하지만 아미가 회초리를 들었을 때, 적어도 멤버들은 '우리가 알아서 할게' 하는 식으로 대응하지 않는다. 비판이나 지적에 공감하지 않더라도 BTS는 '우리의 비판과 감시가 BTS를 더 올바른 길로 인도하고 있다'는 아미의 자부심을 존중한다. 아미는 여러 사례들을 통해 'BTS는 팬들의 쓴소리를 귀담아듣는다'라고 믿게 되며 이러한 BTS와 아미의 신뢰가 지금의 BTS를 만든 것 아닐까.

BTS는 아미의 비판을 수용해 더욱 성숙하고 책임감 있는 가사를 쓰기 위해 노력해왔다. 팬덤과의 소통을 통해 BTS는 보다 발전된 메시지를 담은 곡들을 발표하게 되었고, 이로 인해 글로벌 팬덤의 지지와 존경을 받을 수 있었다. 가수와 팬들의 끝없는 상호작용, 이것은 이들이 세계적인 가수로 성장하기 위해 꼭 필요한 변화의 바람이었다.

스토리텔링을 통한 가수와 팬들의 교감

팬들과 교감한 스토리텔링

BTS에게 있어 스토리텔링은 빼놓을 수 없는 요소다. 이러한 스토리텔링은 하나의 세계관을 중심으로 그들의 노래와 영상에 투영되었다. 음악 속에서 팬들과 교감한 스토리텔링은 대중의 마음을 사로잡았다.

가사와 뮤비, 영상 등 그들의 음악 활동 전반에 담긴 BTS의 스토리텔링은 전 세계 청춘들을 열광시켰고 팬들의 참여도를 높였다. 이들은 중·고교생들의 팍팍한 삶을 다룬 '학교 3부작', 불안한 청춘의 단면을 담아낸 '화양연화' 시리즈 등의 노랫말을 통해 꾸준히 같은 세대와 교감하고 소통했다. BTS는 영어가 아닌 한국어로 노래하면서 팝의 고장 미국 땅에서 한국어 '떼창' 신드롬을 일으키기도 했다.

BTS가 처음으로 팬들에게 주목받기 시작한 '쩔어'는 "3포세대, 5포세대, 그럼 난 육포가 좋으니까 6포세대"라고 스스로를 정의했다. 여기에 헤르만 헤세의 소설 《데미안》, 김춘수의 시 〈꽃〉 등 다양한 문학적 감수성을 녹여내거나 세월호 사태를 노래한 '봄날'처럼 사회비판적인 메시지를 과감하게 표현한 것도 이들의 음악적 기반을 넓히는 데 일조했다. 이 같은 스토리텔링은 팬들이 함께 참여할 수 있는 발판을 마련했으며 이러한 스토리텔링을 바탕으로 팬들 또한 2차 창작을 이어나갈 수 있었다.

이러한 스토리텔링은 가수와 팬을 이을 수 있는 세계관이자 하나의 연결고리가 되었다. 팬들은 BTS의 스토리텔링을 모두 다 이해하진 못하지만 이것이 팬들을 BTS의 세계에 적극적으로 개입하게 한다고 이야기한다. 새로운 뮤비가 나올 때마다 그것이 지금의 콘텐츠와 어떻게 연결되는지 확인하기 위해 과거의 뮤비를 다시 보게 만든다는 것이다.

아미들은 BTS의 많은 콘텐츠 속에서 멤버들의 개인적 성향이 그대로 드러난다고 이야기한다. 말 그대로 그들이 많은 콘텐츠 속에서 연기할 수 없기 때문에 멤버들의 진정한 모습을 여과 없이 볼 수 있으며 그 때문에 더 큰 재미가 있다는 것이다. BTS의 스토리텔링은 이후 많은 가수들의 교과서가 되었고 팬들의 창작을 돕는 중요한 모티브가 되었다.

노래와 삶이 같은 진정성의 힘

BTS가 그들의 생각을 직접 노래로 작곡·작사해 부르는 아티스트로서 갖는 특별함은 다른 가수와 달리 노래와 삶이 일치되는 삶을 보여주었다. BTS는 세계 곳곳의 소외된 이웃들에게, 자신들의 목소리를 냈고, 이러한 일관된 모습은 세계 속 아미들을 열광시켰다.

그들의 노래 속 가사에 나타난 '자신을 사랑하라' '함께 만들어가는 희망'이란 모토가 노래만이 아닌 그들의 언어와 행동, 사회적 활동을 통해서 그대로 나타났다는 것이다. BTS는 무대 위에서만 희망과 공감을 외치는 것이 아니었다. 유엔 본부에 서서 세계인을 향해서 외치는 목소리에서도, 그들의 작은 행동 하나하나에서도, 사회적 참여와 기부에서도 그들의 외침은 한결같았다.

이러한 그들의 진정성은 아미들의 행동으로 나타났으며 릴레이 기부운동으로 표현되었다. 아미들은 BTS의 노래를 좋아했지만 그들의 노래라는 통로를 통해 사회를 향한 더 큰 관심과 실천을 보여주게 되었다.

덕후의 3대 파워

현재 아미의 조직화된 팬 활동은 국내 케이팝 팬덤 문화의 핵심으로 불린다. 케이팝 문화의 대표적인 키워드이자 기존 팬덤들이 보여왔던 조공문화, 투표문화, 내 새끼 문화는 BTS 아미에게 와서는 글로벌 팬덤으로 확산되었다.

기존 케이팝 팬들이 특정 아이돌 그룹이나 오디션 프로그램에 출연한 연예인을 지지하기 위해 SMS 투표, 총공(격)을 하는 기존 팬들의 방식을 학습한 아미들은 한 발 더 나아가 더욱 글로벌해졌으며 조직적으로 움직이며 그 파워를 보여주었다.

조공파워

아미들은 BTS를 미국 빌보드 최정상에 올리기 위해 자신의 아이돌이 참여하는 드라마나 영화 제작현장에 밥차를 보내고, 멤버들의 생일을 축하하기 위해 이곳저곳에 선행을 한다. 기존 케이팝 팬들의 선행이 국내에 한정되어 있었다면 아미들은 선행의 스케일이 전 지구적이며, 규모 또한 방대하다.

아미들은 '조공'이라는 말에 걸맞게 공연장에서 쌀을 모아 기부하거나 헌혈을 한다. 개발도상국에 우물을 파주고 나무를 심은 뒤 아이돌 이름의 숲을 만들어 세계 기후 운동에 참여하는 등 다양한 종류의 선행을 조직한다. 실제 아미들은 BTS의 멤버 RM의 생일을 맞이해 RM의 이름을 딴 숲을 직접 조성하기도 했다.

총공파워

총공이란 '총공격'의 준말이다. 가수들의 음원이 나오면 팬들이 특정 시간대에 그 곡을 대상으로 음원 다운로드, 스트리밍, 음원 선물, 온라인 투표 등을 시행하는 것을 뜻한다.

- 음원 스트리밍의 경우, 흔히 스밍이라고도 하며 컴백을 중심으로 음원총공팀에서 관련 공지가 뜨면 그에 맞춰 팬들이

스트리밍을 하는 문화를 뜻한다.
- 시상식 투표와 같은 온라인 투표 시 팬들이 힘을 모아 자신들의 가수에 투표하는 행위. 자신의 투표를 인증하는 인증샷을 올려 분위기를 띄우기도 한다.

내 새끼 파워

흔히 케이팝 팬들이 아이돌의 생일을 축하하기 위해 서울 지하철이나 버스에 축하 메시지를 전시한다면, 아미는 가장 비싼 광고판인 뉴욕의 타임스 스퀘어에 광고를 싣거나 런던의 이층버스에 멤버들의 생일 축하 영상과 메시지를 싣는다. 흔히 집행부나 기획사에서 광고하는 걸로 알지만 대부분 팬들이 자신의 돈을 들여 하는 경우가 많다. 뉴욕 타임스 스퀘어 광고의 경우 통 큰 중국 아미가 광고를 실었다는 설이 있을 정도로 그 규모나 파워가 상상을 뛰어넘는다. 이렇듯 큰 규모의 홍보일 경우 아예 팬덤의 이름으로 광고 대행사나 홍보 대행사의 입찰을 받아 체계적으로 풀어가기도 한다.

아미들이 말하는 덕.후.예.절.

첫째, 우리의 태도가 곧 가수들의 얼굴이다.

자신들의 태도가 곧 가수들의 얼굴이라는 생각을 뚜렷하게 가지고 있는 요즘의 팬들은 자신들의 뒷모습에 상당히 신경 쓴다. 가수를 위해

소리 지르고 무분별하게 경쟁하는 팬들을 스스로 제어한다.

둘째, 가수를 찍는 것을 넘어 가수에 대한 나의 열정을 브이로그에 담는다.

아미들은 자신들의 모습을 생생하게 담는다. 이를 '아미로그'라 하는데, 정국 생일카페를 도는 자신들의 모습을 유튜브에 올리거나 콘서트 갈 준비를 하는 모습, 모임에 가는 모습 등 다양한 활동 모습을 '아미로그'로 담는다. 이것은 곧 입덕한 아미들이 보고 배우는 입덕코스가 된다.

아미로그

BTS 다꾸

셋째, 나는 언제 어디서나 그와 함께 있다.

내가 가는 카페나 음식점 어디서든 내 옆자리에는 그와 닮은 인형이나 포토카드, 굿즈 등을 장착하여 식사할 때 언제든 함께 찍어 트위터나 인스타그램 스토리에 올린다. 이를 '덕후예절샷'이라고 한다.

BTS 포토카드와 애장품

넷째, 최애 멤버의 닮은 꼴은 언제나 옳다.

멤버와 닮은 인형이나 강아지 등등의 사진, 인형, 굿즈 등을 사모은다.

아이돌 덕질의 5대 문화

첫째, 생카 문화

'생카'는 생일카페의 준말로 팬들이 아이돌이나 아티스트의 생일을 축하하기 위해 특정 카페를 꾸며 팬들끼리 함께 즐기는 이벤트를 말한다. 보통 팬들은 생일이 다가오면 그에 맞춰 좋아하는 아이돌이나 연예인을 테마로 카페를 장식하고, 음료나 기념품 등을 제공해 다른 팬들과 공유한다.

생일카페는 보통 트위터를 통해서 팬들이 개최하며, 자신이 좋아하는 가수의 생일카페를 팬들이 직접 열고 찾는 개념이다. 보통 팬들이 직접 방문하여 자신의 돈으로 음료나 기본특전, 세트메뉴를 시키며, 이에 따라 보통 커피 7,000원부터 '디저트+음료' 세트 15,000원, 럭키드로우*를 해서 12,000원에 파는 등 다양한 형태를 띤다.

생일카페를 주최하는 팬들은 생일인 가수를 위해서 직접 포스터나 액자, 각인 펜, 굿즈 등을 제작해 참여한 팬들과 나눈다. 간혹 음식과 함께 생일 가수의 일러스트가 담긴 컵이 나오거나 포토카드, 굿즈가 나올 때도 있으며 팬들은 이러한 생카 현장을 SNS로 남기거나 브이로그로 찍어 유튜브에 올린다.

특별히 일찍 온 사람들을 위해 선착 특전도 있으며 참여 인원은 40~50명부터 100명에 이르기까지 다양하다. 이들은 꾸며놓은 특정 가수의 사진이나 전시를 즐기며, 가수의 인기도에 따라 한 가수의 생일날 전국적으로 20~30개의 생일카페가 열리기도 한다.

이러한 생카 문화는 팬들에게 자신의 아티스트를 기리는 즐거운 시간이며, 아티스트에 대한 애정과 헌신을 표현하는 방법이자 국제적인 팬덤 문화로 자리 잡았다.

---

* 럭키드로우: 행운을 통해 경품을 얻을 수 있는 이벤트. 제비뽑기와 유사하지만, 참가자 모두에게 동등한 기회가 주어지는 것이 특징이다.

둘째, 콘서트 문화

콘서트는 노래로 인연이 된 가수와 팬이 만나는 가장 큰 이벤트다. 그런 만큼 팬덤마다 다양한 콘서트 문화가 있으며 가수와의 유대감을 형성하고 팬들끼리의 소속감을 강화하는 데 중요한 역할을 한다. 콘서트를 기다리는 대기시간 또한 팬들의 교류의 장이 된다. 이들은 함께 노래를 부르거나 구호를 맞추며 소속감을 느끼고 포토카드, 슬로건, 핀버튼 같은 굿즈를 교환하거나 판매하며 친해지기도 한다.

팬덤의 대표적인 콘서트 문화로는 응원봉, 떼창, 슬로건, '팬챈트(fanchant)' 등을 들 수 있으며 콘서트를 가는 팬들의 대부분은 자신들의 응원봉과 함께 팬덤 특유의 색깔로 드레스코드를 맞춘다. 이것은 팬들끼리의 소속감을 강화하는 요소로 작용하기도 한다.

이 중에서도 '팬챈트'는 팬들이 아티스트의 노래에 맞춰 준비된 구호나 응원 문구를 외치는 문화로 특정 파트에 맞춰 함께 외치면서 아티스트와 함께 무대를 완성한다. 팬챈트는 팬들이 사전에 연습해서 공연 중에 큰 시너지를 발휘하는 모습을 연출하기도 한다.

또한 응원봉은 아티스트를 나타낸 상징물로, 공연장에서는 응원봉 색상에 맞춰 웅장한 조명을 연출하기도 한다. 대면 콘서트가 어려웠던 코로나 시기에는 온라인 공연을 보면서도 자신들의 응원봉을 흔들어 아티스트와의 연결성을 강조했다. 특히 BTS의 공식 응원봉인 '아미밤'은 무대 조명과 연동되는 기능이 있어서 공연장의 모든 아미밤이 하나의 큰 조명처럼 동기화되어 더욱 강력한 시각적 효과를 만들었다.

팬들은 콘서트 전후로 다양한 팬 프로젝트를 기획해서 가수의 생일이나 기념일 등에 기부 프로젝트를 진행하거나 꽃이나 테마 현수막을 준비하기도 한다.

셋째, 공방 문화

공개방송의 준말로, 흔히 음악방송이나 주요 방송에 아티스트가 출연할 때 팬들이 직접 가서 자신의 가수들을 볼 수 있는 기회를 말한다. 한국에서 아이돌 팬덤들이 참여하는 공개방송, 즉 공방 문화는 팬과 아티스트가 가까이 소통할 수 있는 독특한 팬 문화 중 하나다. 주로 음악방송 무대에 팬들이 참석해 실시간으로 응원과 지지를 보내며, 아이돌과 팬들이 더욱 가까이 교류할 수 있는 중요한 행사로 자리 잡고 있다.

공방 참여는 〈뮤직뱅크〉〈쇼! 음악중심〉〈엠카운트다운〉 등과 같은 주요 음악방송에서 인기 가수들의 무대를 방청할 수 있는 기회로, 각 소속사나 팬클럽이 팬들에게 공개해 사전 방청 응모를 진행한다. 팬클럽 멤버를 우선으로 응모를 받는 경우가 많으며, 당첨된 팬들은 정해진 시간에 맞춰 음악방송 스튜디오에 집합한다.

팬들은 무대가 시작되면 응원봉을 흔들고 응원 구호를 외쳐 아티스트에게 힘을 준다. 특히 생방송 중에는 팬들의 목소리가 방송에 고스란히 담기기 때문에 아티스트가 더 힘을 내서 공연할 수 있게 하는 역할을 한다. 대표적인 응원봉으로는 아미밤, 캐럿봉 등이 있으며 이러한 소품은 팬덤의 결속력을 나타내고, 무대 전체를 같은 색으로 물들이며 아티스트와 팬이 하나가 된 듯한 연출을 할 수 있다.

이때 팬들 간의 규칙과 매너는 상당히 엄격하게 준수된다. 자신들의 행동이 곧 가수의 얼굴이라는 인식에 따라 질서를 지키고 아티스트에게 폐를 끼치지 않기 위해 소리 지르기, 과도한 사진 촬영 등은 금지되며, 정해진 규칙에 따라 행동한다.

이러한 공방 문화는 아티스트와 팬이 서로의 열정을 확인하고 직접적인 교류를 할 수 있는 독특한 행사라 할 수 있다. 이것은 전 세계에서 보기 드문 팬과 아티스트의 상호작용 방식으로, 팬덤 문화를 더욱 풍성하게 하고 팬들에게 특별한 경험을 선사하는 중요한 의식이다.

넷째, 앨범 문화

BTS의 앨범은 단순한 음악 컬렉션을 넘어서 아미에게는 소중한 '굿즈'로 여겨진다. 앨범은 팬들이 BTS와의 정서적 유대감을 느끼고, 그들의 메시지를 더 깊이 경험할 수 있는 다양한 의미를 담고 있다.

앨범 안에는 포토북, 스티커, 엽서 등이 들어 있으며 각 앨범마다 다른 디자인과 콘셉트를 담고 있다. 그중 가장 중요한 아이템인 포토카드는 멤버 개개인의 개성을 보여주는 사진으로, 팬들에게는 BTS 멤버를 더욱 가깝게 느끼게 하는 중요한 요소다. 포토카드는 멤버별로 다양하게 있어, 팬들은 자신이 좋아하는 멤버의 카드를 모으는 즐거움과 함께 자신만의 소장품 컬렉션을 만들어가는 기쁨을 느낀다. 이때 포토카

BTS 포토카드

BTS 포토북

드 안에 자신이 좋아하는 가수의 카드가 들어 있지 않을 경우 다른 팬들과 앨범을 바꾸기도 한다. 인기 가수의 포토카드의 경우 시세가 높게 유통되며 포카마켓과 같은 앱에서는 포토카드만 팔기도 한다.

앨범에 포함된 포토북은 각 곡의 분위기나 앨범의 주제를 사진으로 표현하여 팬들이 BTS의 예술적 비전과 메시지를 보다 직접적으로 이해할 수 있게 돕는다. 팬들은 앨범을 단순히 음악이 아닌, BTS가 전달하고자 하는 메시지를 온전히 담아내는 '종합 예술작품'으로 여긴다. 예를 들어, 'LOVE YOURSELF' 시리즈는 자아 사랑과 성장이라는 주제를 담고 있으며, 앨범의 구성품과 디자인 역시 이를 시각적으로 표현해 팬들의 공감을 구한다. 이것은 BTS와 아미가 함께 나누는 정서적 유대감을 강화하는 중요한 요소로 작용한다.

다섯째, 성지순례 문화

BTS의 일거수일투족은 트렌드가 된다. 그들이 밥을 먹은 식당이나 방문 후 사진을 찍어 SNS에 올린 곳, 다 같이 화보 촬영을 한 곳 등 잠시라도 머무른 곳들은 이른바 '성지'로 불린다. 아미 사이에서는 이 성지들을 순회하며 여행하는 것이 하나의 문화로 자리 잡았다. 포털 사이트에 'BTS 성지순례' '방탄 투어' '덕지순례' 등을 검색하면 BTS의 인형이나 포토카드와 함께 성지를 여행하는 후기를 쉽게 볼 수 있다.

성지순례를 통해 팬들은 아티스트와 좀 더 가까워지고, 그들의 일상과 감성을 느낀다. 팬들은 단순한 팬 이상으로 아티스트와 교감을 쌓고자 하며 성지순례를 통해 자신만의 추억을 갖는다.

실제로 팬들이 몰리면서 성지순례지는 관광지로 발전하기도 한다. 지역 상권은 팬덤 문화를 반기고, 팬들을 위한 기념품 판매, 포토존 설치 등 다양한 방식으로 관광객을 맞이한다.

BTS 성지순례 장소

- 뮤비 촬영지: BTS의 '봄날' 속 강원도 정선의 아우라지역
- '달려라 방탄'에서 방문한 장소들: 서울 근교의 놀이공원, 실내 스포츠센터 등
- 한국과 해외에서 BTS가 공연했던 대형 공연장: 서울 올림픽체조경기장, 미국 로스앤젤레스의 소파이 스타디움 등
- 예능 프로그램 세트: '아이돌룸'이나 '아는 형님'을 촬영한 세트장
- BTS 멤버들이 좋아하는 장소: RM이 자주 방문한 서점과 미술관
- BTS의 해외 촬영지: 'Bon Voyage' 촬영 중 방문했던 몰타, 뉴질랜드, 노르웨이

연대가 곧 힘이다. 아.미.파.워.

팬들은 가수에 대한 자신의 애정과 관심으로 이들의 팬이 된다. 그러나 가수에 대한 초반의 애정이 불붙게 되는 가장 큰 원동력이자 진정한 아미로서 활동하는 가장 큰 힘은 팬과 팬 간의 끈끈한 유대감이다. 자신들이 사랑하는 가수의 정보를 공유하며 함께 느끼는 공감과 네트워킹은 이들을 더욱 적극적으로 활동하게 하며, 팬 활동의 재미를 배가한다. 아미 활동을 통해 취향이 같고 대화가 통하는 친구들을 얻게 되고, 커뮤니티 내부에서 연대를 경험할 수 있으며, 그 결과 서양의 대중문화에서는 잘 볼 수 없는 스타와의 친밀한 관계를 경험할 수 있다.

실제로 인터뷰를 통해 만난 아미들은 맨 처음에는 'BTS'를 통해 아미가 되었지만 시간이 지날수록 자신이 사랑하는 가수만큼 소중하게 된 존재가 바로 아미를 통해 만나게 된 사람들이라고 고백한다.

한 40대 아미는 네이버 카페를 통해 아미가 되었지만 이후 BTS 정국을 좋아하는 사람들과 이야기하고 그들의 콘서트를 보기 위해 함께 지방에서 서울까지 원정 콘서트를 다니며 친해졌다고 한다. 이후 함께 밥을 먹고 그들과 이야기를 나누며 다른 친구들은 이해하기 힘든 그들만의 재미와 이야기에 푹 빠졌기 때문에 삶의 또 다른 즐거움을 느낄 수 있었다 고백한다.

30대 직장인 아미 역시 직장에서 자신을 아미라고 주위 사람들에게 공개적으로 알린, 즉 덕밍아웃한 이후로 회사에서 자신의 위상이 BTS의 세계적 인기와 맞물려 올라가고 있음을 실감하고 있다고 한다. BTS를 좋아하는 아미라고 자신을 밝히는 순간, 아미는 BTS와 동일시되는 것이다. 아미 공동체는 '누구든 함께'라는 개방적인 문화를 가지면서, '넌 항상 소중해'라는 BTS의 메시지를 기반으로 아미 공동체를 만들고 있다. 온라인이나 소셜미디어 공간에서 적극적으로 활동하면 BTS가 전하는 메시지와 사회적 가치를 공유하는 아미 공동체 문화의 영향을 강하게 받을 수밖에 없다.

> "내가 의도적으로 노력하지 않더라도 주위에서 그런 환경이 조성되니까 (사회적인 일에) 개인적으로 참여하는 것이 당연하게 생각되죠." (고등학생 아미 A)

한 고등학생 아미는 아미라는 이름으로 다 같이 모여서 뭔가를 함께 하면서 마음이 맞는다는 게 신기했다. 아미는 팬 개개인이 모여서

BTS 멤버의 이름으로 생일기념 식수를 한다거나 혹은 아미의 이름으로 커피 수익금을 기부하는 이벤트를 한다. 이렇듯 '아미'라는 공동체에 소속감을 갖고 공동체가 공유하는 가치를 강하게 느끼는 팬은 비록 자신은 수많은 팬 중의 한 사람에 불과하지만, 아미라는 공동체를 통해 자신이 사회에 미치는 영향력을 직접 경험한다. 팬덤 공동체 안에서 사회적 활동에 참여하는 팬들의 심리는 자발적인 행위와 그에 따른 가치를 기반으로 움직인다. 이 과정에서 팬덤 공동체 안에서 팬이 얻게 되는 만족은 사회활동과 연결된다. 아미는 BTS와 동의어가 되는 동시에, 더 나아가 단순히 BTS 팬덤을 넘어 사회적 실천을 하는 하나의 공동체가 된다.

아미가 이룬 기적들: 그들의 사회활동

아미는 맨 처음에는 가수를 좋아하는 취향 공동체로 만났지만 이후 단순히 가수를 지지하는 집단이 아니라 사회적·정치적 문제에도 발언하고 목소리 낼 수 있는 존재로 성장해갔다. 스타를 향했던 '조공 문화'가 케이팝 팬덤 특유의 '선한 영향력'과 만나 각종 기부 등 시민운동으로 진화한 것이다. 사회에 영향을 끼친 아미들의 다양한 사회활동은 다음과 같다.

사례 1

트럼프 유세 해프닝(2020.6.22)

2020년 6월 미국의 오클라호마주 털사 경기장에서 도널드 트럼프 당시 미국 대통령의 재선을 위한 유세가 열렸다. 재선을 위한 첫 유세 현장인 만큼 트럼프 전 대통령은 경기장을 꽉 채운 시민들을 기대했다. 그러나 현실은 달랐다. 미국 대통령의 첫 재선 유세에도 그 큰 털사 경기장 전체가 케이팝 팬들 때문에 텅텅 비는 사태가 벌어지게 된 것이다. 이들이 11월 미 대선을 앞두고 인종차별 논란에 있었던 트럼프 전 대통령에 반대하는 케이팝 팬들이 자신들의 정치적 생각을 표출하고자 입장권 신청을 해놓고 '노쇼'를 했기 때문이다. 이들의 이러한 집단 '노쇼' 행동으로 오클라호마주 털사 경기장은 객석의 3분의 1이 텅텅 비는 사태가 벌어졌다. 트럼프 전 대통령은 당황한 기색이 역력했으며 이를 두고 미국의 주요 언론사들은 이 사건을 대대적으로 보도했다.

특히 뉴욕타임스는 BTS, 블랙핑크 등과 같은 케이팝 팬들이 음악의 영역을 넘어 정치 무대로 영향력을 넓히고 있다고 보도했다. 또한 트럼프 캠프에서는 텅 빈 유세장을 두고 시위대와 가짜뉴스를 탓했지만, 뉴욕타임스는 케이팝 팬들이 좋아하는 가수들을 위해 집단적으로 자금을 모금하거나 노래를 널리 알리는 데 사용하던 '소셜미디어 전술'이 정치 영역에서도 활용될 수 있음을 증명했다고 평가했다.

케이팝 팬들은 트럼프의 인종차별에 맞서 몇 주간 트럼프 대통령에게 생일카드 스팸메일을 보내고, 인종차별 시위대에 대한 정보 제공을 요구하는 댈러스 경찰의 앱을 무력화시키는가 하면, 백인우월주의 해시태그를 케이팝 가수들의 동영상으로 가득 채우는 등 자신의 정치적 생각을 행동으로 보였다.

사례2
흑인 인권에 맞서 기부하다

2020년, 조지 플로이드 사건으로 촉발된 인종차별 반대 시위가 미국과 세계 곳곳에서 일어났을 때, BTS는 공식 트위터 계정을 통해 #BlackLivesMatter라는 해시태그와 함께 지지 메시지를 발표했다. BTS는 흑인 인권운동에 100만 달러를 기부하며 인종차별에 반대하는 입장을 표현했으며, 아미 역시 BTS의 기부에 동참했다.

#MatchAMillion 캠페인을 통해 BTS의 기부금을 맞추자는 팬들의 자발적 모금 결과 24시간도 되지 않아 아미는 BTS와 같은 100만 달러를 모금해 흑인 인권단체에 기부했다. 이는 팬덤이 단순히 팬 활동을 넘어서 인권 문제 등 사회운동에 대한 의지를 보여준 상징적 사례라 할 수 있다.

또한 이들은 '흑인의 생명은 소중하다'는 항의 시위에 맞서 '백인의 생명은 소중하다'는 해시태그로 맞대응하는 인종차별주의자들에게도 케이팝 스팸 비디오를 보냈다. 불법 시위를 동영상으로 제보할 수 있는 앱을 홍보한 댈러스 경찰청 앱에 대해서는 BTS 동영상으로 도배했다. 또한 필라델피아 소방서와 워싱턴주 커클랜드 경찰청도 시위대 관련 정보를 공유해달라고 했다가 BTS와 블랙핑크의 동영상만 받았다.

이러한 팬들의 정치적 활동에 대해 인디애나대학의 시더보우 세지(CedarBough Saeji) 교수는 "최근 미국에서 정치적 영향력을 행사하는 케이팝 팬들의 대부분은 외국인이 아닌 미국인들이다. 이들은 나이가 어리고, 사회적으로 진보적인 성향을 가지며, 외향적인 이들이 온라인 플랫폼에서 정치적 행동을 하는 것은 놀라운 일은 아니다"라고 설명했다.*

사례3

브라질의 Army Help The Planet(AHTP)

아미의 행동에 영감을 주는 BTS의 메시지는 'LOVE YOURSELF'와 'SPEAK YOURSELF'다. 다양한 캠페인을 주도하고 많은 기부를 이어오며 여러 현안에 목소리를 높여온 BTS는 아미가 현실에서 원하는 변화에 대해 적극적인 태도를 취하도록 격려한다. 그것이 아미가 사회·환경적 대의를 위해 움직이는 참여자가 되는 이유다. 그중 하나가 브라질의 Army Help The Planet(AHTP)이다. 2019년 화재로 아마존 열대우림의 황폐화에 직면한 브라질 아미들은 #ArmyHelpPlanet이라는 해시태그를 달고 트위터를 통해 이 같은 사실을 전 세계에 알렸다. 이를 계기로 아미로 활동을 계속하기 위한 아이디어가 모이기 시작했다.

아미들은 BTS의 행동에 영향을 받아 선행을 실천한다는 것이 그들의 원칙이고, '팀워크가 꿈을 만든다'는 것이 운영 철학이다. 아마

---

* 강기춘, "정치판 뛰어든 케이팝 팬들, 트럼프 재선 막힐까?", 머니투데이, 2020.6.23.

존 보존지역에 토종 나무를 심는 자금을 모으는 캠페인, 세계 최대 열대습지인 판타날 지역에서 반복되는 화재 방지 캠페인 등 환경에 대한 노력뿐 아니라 코로나19 기간 동안 의료 물자를 지원하기 위한 긴급 자금을 모으는 프로젝트도 진행됐다. AHTP는 "다양한 정치·사회·경제적 이슈에 대해 목소리를 높인 것이 BTS의 특별한 특징이고, 많은 아미가 이에 매력을 느꼈다. (아미가) 다른 팬덤보다 훨씬 더 비판적이고 정치화된 팬덤이 된 것은 BTS의 색깔이 반영된 결과"라고 언급했다.

사례4

기후 행동 플랫폼 'K팝포플래닛'

팬들은 국내를 넘어 지구의 기후를 걱정하고 이것을 행동으로 옮기기 시작했다. 그 대표적 사례가 바로 2021년 3월 탄생한 기후 행동 플랫폼 'K팝포플래닛'으로, 이것을 만든 인도네시아의 누룰 사리파는 CNN 인터뷰에서 케이팝 팬들을 향해 "단순한 '팬걸'이 아니라 사회를 바꾸는 시민운동가로 변화할 수 있겠다고 느꼈다"고 말했다.

미국 빌보드지는 "과거에는 일방적인 팬클럽 문화였다면, 현재는 케이팝 팬덤을 통해 스타와 팬이 공생하는 '파트너' 역할로 커나가고 있다"고 말했다.

사례 5

필리핀 독재 통치에 맞선 선거 유세

필리핀 아미들은 정치적 목소리를 내는 데 적극적이다. 특히 지난 5월 치러진 필리핀 대선에서 아미를 포함한 많은 케이팝 팬덤은 '청년'들의 목소리를 냈다. 필리핀 아미들은 1965년부터 21년간 필리핀을 독재 통치한 고(故) 페르디난드 마르코스 전 대통령의 아들인 페르디난드 마르코스 주니어에 맞서, 레니 로브레도 전 부통령을 당선시키기 위한 선거 유세에 나섰다. '필리핀 대선에서 아미의 역할'에 대해 발표한 라살대학교의 노엘 교수는 "아미는 청춘의 대표이자 현세대에 목소리를 내는 청년들이기도 하다. 아미로 활동하면서 우리는 사회적 인식을 갖고 성장과 희망이라는 주제로 활동할 수 있었다"며 "불공정에 맞서 싸우기 위해 사회 참여를 적극적으로 도모하는 것이 아미의 역할이라고 생각했고, 건강한 정부를 만들기 위해 '레니를 위한 아미'들이 활동하며 각종 억압과 불평등에 대해 성명을 냈다"고 말했다.

아미를 통해 새롭게 태어난 직업들

최근 새롭게 등장한 소통형 콘텐츠들은 팬덤의 적극적인 참여를 활용한다. 이제 팬덤은 단순 소비자에서 참여자를 거쳐, 수익을 내는 경영자가 될 수 있다. 이러한 구조의 변화는 팬덤의 변화에서 나온다. 팬덤이 아이돌 기획에 적극적으로 참여하기 시작하면서 문화산업 전반에 이를 응용한 플랫폼이나 다양한 직업군이 발생하고 있기 때문이다.

팬들이 서로의 관심사와 즐거움을 공유하고 생산하기 시작하면서 수많은 팬들 사이에서 다양한 관계망이 생겨났다. 아미의 규모가 커지고 전 세계적인 팬들이 생겨나면서 그 안에서도 돈이 흐르고 위계가 생겨나기 시작했다. 팬들 가운데 일부는 팬덤활동을 통해 새로운 직업을 찾게 되거나 팬 사이에서 생산하는 중요한 역할을 맡게 되었다.

영상제작자로 변신하다

BTS의 팬이자 이탈리아에서 활동하는 아미 '안젤라 풀비렌티(Angela Pulvirenti)'는 우연히 BTS의 봄날 뮤비를 보고 한국의 세월호 사건을 알게 되었다. 뮤비를 통해 이 사실을 알게 된 그녀는 세월호 사건에 대한 자료조사를 하게 되었고 세월호 희생자들을 기리는 상징이 BTS 뮤비에 사용되었다는 사실을 영상으로 제작했다. 이 영상을 계기로 그녀는 BTS를 좋아하는 평범한 한 명의 아미에서 영상제작자로 자리매김했다.

그녀는 BTS의 뮤비에 담긴 내용에 대해 팬들에게 정보를 알려주려다 이 일을 하게 되었다고 고백한다. "BTS 활동을 통해 내가 다른 사람에게 영향을 준다는 것을 알게 되었다. 한 번은 두 명의 가수가 내 채

널의 BTS 뮤비 해석 영상을 보고 자신들도 음악 할 때 의미를 담아야겠다는 영감을 얻었다고 전해주었다. 내 유튜브 채널은 작은 규모지만 소수의 사람들이 보더라도 그들에게 감동과 영향을 줄 수 있다는 것을 알았고 그 점에 감사하다."

수어 통역사로 청각장애인을 돕다

정선 씨는 '쩔어' 안무 영상을 보고 BTS에 빠졌다. 처음 갔던 BTS의 콘서트에서 모두가 환호하고 '떼창'을 할 때, 노래가 들리지 않는 정선 씨는 소외감을 느낄 수밖에 없었다. 두 번째 콘서트에서 장애인 서비스를 요청했지만 수어 통역이 필요한 정선 씨에게 제공될 뻔한 서비스는 휠체어였다. 그만큼 농인에 대한 서비스는 한국에서 자연스럽지 못했다. 그가 BTS 소속사인 하이브와 이메일을 통해 소통한 결과 콘서트장에 수어 통역사가 배치됐지만 다른 관객들에게 방해가 된다는 이유로 통역은 제한적으로 제공됐다.

그녀는 한국 콘서트를 앞두고 하이브에 수어 통역사 배치를 건의했다. 수많은 아미가 정선 씨의 트윗을 리트윗하며 힘을 보냈다. 당시 RM이 청각장애학교에 기부한 것도 큰 힘으로 작용했다. 특히 BTS의 'Permission to Dance(퍼미션 투 댄스)'는 농인들 사이에서도 뜨거운 곡이었다. '즐겁다' '춤추다' '평화'와 같은 단어를 국제 수어로 표현한 안무를 썼다. 수어 안무와 관련해 제이홉은 "전 세계 많은 분에게 긍정의 에너지와 위로, 희망이 되어드리고 싶어 국제 수어를 선택했다"고 설명한 바 있다.

정선 씨는 "리듬을 타면서 자연스럽게 수어를 하는 것을 보고 아미가 되길 잘했다는 생각이 들었다"고 했다. '퍼미션 투 댄스' 뮤비는 많은

'농아미(농인+아미)'를 하나의 팬덤으로 모여들게 했고, 이 과정에서 아시안 농아미들의 콘서트 접근성에 대한 문제도 논의할 수 있었다. 이들은 "BTS로 인해 문화생활 접근성이 10%도 되지 않았던 농인들의 삶이 바뀌었고, 아무리 민원을 넣어도 움직이지 않던 것들이 바뀌어가는 긍정적인 과정을 볼 수 있었다"고 했다.

잠깐, 팬덤에 관한 알쓸신잡

팬덤 용어사전

겸덕 두 그룹 이상의 아이돌을 좋아하는 것

고나리 지나치게 아는 체하거나 이래라저래라 한다는 뜻으로 쓰이는 말. '관리'를 키보드 자판으로 빠르게 치다 생긴 오타에서 비롯됨

고독방 카카오톡 등 SNS에서 팬들이 스타들을 응원하기 위해 자신들의 소장 사진을 올리는 오픈채팅방. 텍스트 없이 사진 같은 자기만의 소장 콘텐츠를 게재하는 것이 특징이다. 잡담 없이 좋아하는 스타의 사진만 고독하게 즐기자는 의미

vs. 안고독방 고독방과는 달리 사진과 같은 정보 없이 스타에 대한 이야기만을 썰로 푸는 오픈채팅방

뉴비 영어 'new'와 'being'의 합성어. 커뮤니티에 들어온 지 얼마 안 된 팬들을 가리키는 말로 운영 규칙이나 그들만의 용어를 잘 모르는 신참을 뜻함

닥눈삼 '닥치고 눈팅 3일'의 준말. 디시인사이드 내 게시판인 갤러리에서부터 사용되기 시작한 말로, 규칙과 분위기를 파악하기 위해 최소 3일은 글을 작성하지 말고 게시판을 지켜보라는 뜻

드볼(드래곤볼의 줄임말) 포토카드를 다 모으는 것을 뜻하는 용어

머글 팬이 아닌 일반인들을 뜻하는 용어

사생 연예인을 과도하게 쫓아다니며 사생활까지 관찰하려 하는 팬

생카 생일카페. 생일을 맞은 아이돌을 위해 카페를 빌려 사진이나 에피소드, 기증 콘텐츠를 전시하는 이벤트

스밍/스밍 리스트 스트리밍의 준말. 스타의 팬들이 음악방송 순위에 반영되는 음원 재생 집계를 위해 음원 사이트에서 음악을 반복 재생하는 행동을 의미함. 스밍 리스트는 그 목적을 위해 만든 재생 리스트

스밍단 좋아하는 가수의 음원이 차트에 안정적으로 진입할 수 있도록 기획된 일종의 전략팀인 '음원총공팀' 내에서 스트리밍을 담당하는 사람들. 음원총공팀은 피라미드 형식으로 조직되며 스밍단-헬퍼-운영진으로 구성된다.

악개 악성 개인 팬의 준말

입덕 덕질 문화에 들어선다는 뜻. 광적 팬 입문, 마니아 입문

일코 일반인 코스프레의 준말. 예를 들어, 아미인데도 다른 데서는 아미 아닌 척, 스타에게 관심 없는 일반인인 척 행동하는 모습을 뜻함

최애, 차애 최애는 최고 좋아하는 멤버, 차애는 그다음 순서로 좋아하는 멤버

초동(초기 동작) 앨범 나오고 첫 일주일 안의 흐름을 이야기함(예: 초동 ○장)

코어/코어 팬 스타를 적극적으로 좋아하는 사람을 가리키는 말

탈덕 팬 활동을 그만두는 것을 뜻함

파 문화, 팸 문화 '파'는 1·2세대 팬덤에 주로 존재했던 오프라인 만남 위주의 팬 집단으로 자주 만나 팬 활동을 함께 했음. '팸'은 패밀리의 약자로 인터넷상의 채팅 등에서 자주 만나는 사람, 특정 분야에서 자주 만나는 사람끼리 만든 카페나 홈페이지 기반의 단체를 일컬음. 온라인 만남을 위주로 함

팬픽 팬이 직접 쓰는 소설. 자신이 좋아하는 드라마나 연예인, 스포츠 스타를 본떠 주인공으로 내세워 창작한 소설

피켓팅 '피가 튀길 만큼 치열한 티케팅'이라는 뜻의 용어. 스타들이 출연하는 공연티켓을 사기 위해 많은 사람이 몰려들어 치열한 경쟁을 벌이는 것을 뜻함. 좋아하는 가수의 세대층에 따라 부모나 자녀가 대신 피켓팅 하는 경우도 많음

파생용어

오픈런 오프라인에서 공연티켓을 사려는 사람들이 아침 예매 창구가 열리자마자 뛰어가는 것을 가리키는 용어

취켓팅 1차 예매에 실패한 사람들이 취소표를 기다렸다가 사는 행위

핑프 핑거 프린세스, 핑거 프린스의 준말. 간단한 정보도 스스로 검색하지 않고 물어보는 사람들을 뜻하는 은어. 정보를 직접 검색해서 찾기보다는 인터넷 게시판에 수시로 질문을 올려 타인이 달아준 댓글을 통해 정보를 습득하는 얄미운 행위를 뜻함

홈마 홈페이지 마스터의 준말. 가수가 가는 곳이면 어디든 따라가서 사진을 찍는 열성 팬들을 뜻함

기성세대의 팬덤 마인드
돌봄과 온정의 팬덤, 임영웅의 '영웅시대'

가수 임영웅의 팬덤은 '영웅시대'다. 기성 팬덤 문화에서 독보적인 활동과 영향력을 보여주는 이들은 임영웅과 함께 성장하며 그와 함께 울고 웃는다.

임영웅의 공식 팬클럽인 영웅시대는 현재 약 20만 명의 공식 가입자를 넘어섰고 가입하지 않은 잠재적 팬까지 합치면 그 수가 엄청나다. 2017년 5월 12일에 개설된 이 팬카페는 초기 회원 27명으로 시작해, 〈미스터트롯〉 진(眞) 등극 이후 폭발적으로 성장, 2024년 기준으로 약 2,550배의 증가를 기록하며 국내 최대 팬덤 중 하나로 자리 잡았다.

주요 세대는 50대 이상의 중장년층, 특히 '오팔세대(5060세대)'로 불리는 중장년층이 중심을 이루며 점차 가족 단위로 세대를 넓혀가고 있다. 40대나 20~30대 팬들도 있긴 하지만 역시 50~60대가 중심이다.

이들은 국내 중심의 지역을 기반으로 팬덤활동을 하며 이를 통해 삶의 활력을 얻고 적극적인 자신의 모습을 찾아간다. 기획사의 간섭을 최소화하고 자체적인 팬카페의 다양한 게시판과 이벤트를 통해 팬들 간의 유대감을 높이고 있으며, 기부와 봉사 등 다양한 선행 활동으로 팬덤의 이미지를 강화하고 있다.

과연 이들의 팬덤 마인드는 무엇이며, 무엇에 열광하는지 살펴보도록 하자.

임영웅과 영웅시대

　가수 임영웅은 TV조선의 오디션 프로그램 〈미스터트롯〉에 출연해 수많은 팬덤을 낳았던 대상 수상자로서 가요계의 주목을 받았다. 많은 이들의 사랑을 받았던 임영웅은 오디션 직후 TV조선과 계약한 2021년까지 다른 수상자들과 함께 〈뽕숭아학당〉 〈사랑의 콜센타〉 등의 방송에 출연했다. 소탈한 성격, 인간적 매력, 탁월한 음악 실력을 바탕으로 이찬원, 영탁, 정동원, 장민호, 김희재 등과 함께 〈미스터트롯〉 6인방으로 다양한 활동을 펼쳤던 임영웅은 TV조선의 계약이 끝난 2021년 이후 앨범 1집을 내며 기존 가수들과는 전혀 다른 행보를 보인다.

　그는 방송출연을 자제했으며 행사는 일절 뛰지 않는다는 원칙으로 자신의 이미지 관리에 나섰다. 또한 다양한 기부활동을 통해 소외층에 대한 관심도 놓지 않았다. 가수인 만큼 자신의 음악적 변신을 상당히 중요한 키워드로 잡고 활동했던 임영웅은 그간 트로트 이외에도 인기 드라마의 OST, 발라드, 락, 댄스 등 장르의 경계를 뛰어넘는 자신만의 음악 세계를 끊임없이 선보였다. 이러한 그의 활동들은 기존 성인가요 시장의 분위기를 완전히 바꾸어놓았으며 〈미스터트롯〉 당시 그의 팬이었던 대중을 확장시켜, 기성세대뿐 아니라 젊은 세대들까지 그의 열혈 팬으로 사로잡으며 세대를 넓혀갔다.

　임영웅의 이러한 인기 배경에는 그의 팬덤 '영웅시대'가 있다.

　이들은 대다수 기성세대 팬덤이 많은 관계로 성격 또한 MZ세대 팬과는 조금 다르다. 가족을 위해, 집안을 위해 한평생 자신을 희생하고 살아왔던 기성세대인 이들인 만큼 팬 활동은 이들에게 더욱 의미가 있다.

　특히 임영웅의 팬들 중에는 60대 이상의 여성 팬들이 많다. 이들은 전쟁 이후 가장 급격한 사회변화를 겪으면서 아날로그 시대에서 디지털 이후 4차 산업혁명까지 세상이 변화하는 것을 온몸으로 경험하고 있는 생존형 세대다. 열악한 환경 속에서 치열하게 살아온 이들에게 음악은 언제나 친구였고 힐링이었다.

그런 이들이 생전 처음으로 자신을 위해 가수를 좋아하게 된다. 좋아하는 취미를 갖고 팬덤활동을 하며 자식, 며느리에게 좋아하는 가수가 생겼다고 고백한다. 매 순간 자식이 좋아하는 것이 먼저였던 이들이 자신을 위해 가수 임영웅의 노래를 듣고 위로받고 즐거워한다.

팬으로서 혼자 좋아할 때와는 달리 취향과 기호가 같은 이들은 한 가수를 좋아한다는 이야기만으로 기쁘다. 혼자 좋아했다면 식었을지도 모르지만 공식 홈페이지를 통해 서로의 의견을 듣고 다른 팬들이 좋아하는 모습을 보는 것만으로 동질감을 느낀다. 좋아하는 가수에 대한 정보를 공유하고 음원차트의 순위가 올라가는 것을 보며 마치 자신이 성장하는 듯 뿌듯하다.

이러한 팬덤 내의 동질감은 영웅시대 각 지역방을 중심으로 더욱 커져간다. 각 지역방은 지역에 있는 사람들 위주로 자신들의 온라인 카페를 결성해 의견을 모으며, 오프라인을 통해 친목 도모를 한다. 이러한 지역방은 가까이 사는 사람들의 소그룹인 만큼 애착이 크고, 실제적인 만남을 통해 정보나 이야기가 긴밀하다는 점이 공식 홈페이지와는 다른 장점이 있다. 그중에서 지역방의 반장 격인 지역장은 이들의 의견을 취합하고 주도적인 모임과 행사, 기부 등 굵직한 지역의 움직임을 관장한다.

또한 임영웅의 생일이나 앨범 발매 등을 기념해 수재민을 위한 8억 원대 기부, 지역사회를 위한 물품 지원 등과 같은 사회공헌 활동에 적극적으로 참여한다. 그뿐만 아니라 임영웅의 콘서트나 행사에 팬덤

차원으로 함께하며 응원봉과 플래카드 등을 통해 조직적인 지지를 보여주기도 한다.

영웅시대의 대표적인 활동으로는 온라인 투표와 홍보, 사회공헌 활동, 기부와 봉사, 콘서트와 같은 행사 참여 등을 들 수 있다. 이들은 온라인 투표에서 상위권을 유지하기 위해 적극적으로 참여하며, 이를 위해 자체적으로 전략을 세우고 활동한다.

임영웅의 소속사는 물고기컴퍼니이지만 임영웅의 팬덤 영웅시대는 그 속에서 자유롭게 움직인다. 말 그대로 팬들이 자율적으로 모임을 만들고 소속사의 터치를 최대한 받지 않는 팬덤으로 자리한다. 영웅시대는 만들어진 조직도나 위계가 없이 자율적으로 조직되었으며 서로의 평등한 관계 속에 팬들의 활동이 체계적으로 이루어지는 편이다.

전국 어디에나 손쉽게 지부를 설치하며 자발적으로 모여 만들어진 덕에 그들 스스로 모이고 움직인다. 팬덤 영웅시대는 커다란 조직도가 존재하지 않는 상황 속에서 자생적으로 지역방을 만들고 이를 통해 기

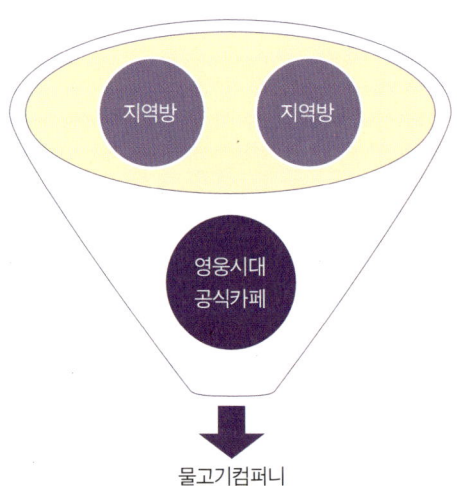

부와 봉사활동을 이어왔다. 한 지역에 여러 개의 지역방이 만들어지기도 하며 최소 10명에서 최대 100명까지 다양한 인원을 자랑하는 이들은 어떤 규칙에도 얽매이지 않지만 상당히 조직적으로 움직인다.

영웅시대의 조직은 철저히 수평적 관계로 자리한다. 소속사의 간섭은 최소로 하며 대부분의 결정을 영웅시대 회원들의 자발적 의견으로 이어간다. 크게는 공식카페를 통해 공식적인 모임과 의견을 모으고 그 아래 각 지역에 있는 지역방을 통해 온·오프라인 모임이 결성된다.

결국 영웅시대란 가수 임영웅을 응원하는 팬들의 모임이자 그를 곁에서 후원하고 지지하는 임영웅 사랑꾼들의 모임이다.

임영웅을 향한 영웅시대의 열기, 어느 정도일까

덕질을 무시하거나 모르고 살아온 중장년층에서 가수 임영웅의 인기는 실로 엄청나다. 이들은 다른 가수의 팬클럽을 한 적도, 트로트나 연예인을 응원한 적도 없는 팬들이 상당수로, 임영웅 존재 자체의 인성과 매력에 매료되어 특정 장르도 특정 연예인도 아닌 가수 임영웅과 그의 모든 노래를 열렬히 좋아하고 지지한다. 그를 위해 콘서트를 다니고, 그의 곡과 영상을 빼놓지 않고 들으며, 모든 소식을 챙기고 응원하는 이들은 바로 임영웅의 팬덤 영웅시대. 이들은 어느새 임영웅의 빼놓을 수 없는 동반자이자 가수 임영웅의 곁에서 함께 울고 웃는 존재가 되었다. 임영웅에 대한 신뢰와 노래에 대한 애정을 바탕으로 이들은 서로 키워주고 함께하는 동반자 관계가 되었다.

"가수 임영웅과 팬들의 관계를 상업적인 측면에서만 헤아리는 것은 무례한 행위다. 임영웅은 삶의 고통을 견디고 있는 이들의 고립, 단절, 불안을 위로하는 가수. 임영웅 팬덤은 노래로 삶의 질을 유의미하게 개선한 수많은 팬이 모여 만들어졌기에, 그 어느 팬덤보다 결속력이 단단하다." 《우리는 왜 임영웅을 사랑하는가》의 저자 조위)

"문화팀의 한 기자가 '임영웅 현상'을 취재하며 소속사에 연락했지만, '가수 인터뷰도 하지 않고, 소속사도 임영웅 현상에 대해 코멘트하지 않는다'고 했다. 홍보하기보다는 오히려 드러내려고 하지 않는 것처럼 느껴졌다. 그런데도 팬덤은 막강했다. 축구장에서 '나의 팀'을 위해 손뼉 치는 것처럼, 그들의 삶을 응원하고 싶어졌다." (시사IN 편집국장)

그렇다면 이들의 열기는 어느 정도일까?

2024년 10월, 임영웅은 트로트 가수 브랜드 평판에서 46개월 연속 1위를 기록했으며, 광고모델 브랜드 평판에서도 1위를 차지했다. 특히, '참여지수'와 '소통지수'가 가장 높은 가수로 손꼽히며 팬들과의 교감이 강점으로 평가받고 있다. 임영웅이 광고하는 품목마다 200% 이상의 판매증가율을 보이면서 CF 섭외 1순위 대상으로 올랐다.

또한 임영웅의 2024년 서울 월드컵경기장 2회차 공연을 9만 3,964명이 관람했으며 임영웅의 영화 'I'M HERO'는 최다 관객 수인 35만 명을 동원하면서 역대 공연 실황 영화 중 최다관객수를 기록했다. 한국갤럽 조사 40대 이상이 뽑은 '올해의 가수' 5년 연속 1위, 국내 현직 광고인이 선정한 대한민국 대표 모델 1위 등 그의 기록들은 그의 지속적인 인기를 보여준다.

임영웅은 187주 연속 아이돌차트 평점랭킹 1위를 기록하며 국내 최고 인기 가수임을 증명한 바 있다. 이 기록은 팬덤 영웅시대의 지속적인 응원의 힘이 어느 정도인지를 보여주는 결과다. 또한 그의 유튜브 채널은 영웅시대의 사랑 속에 꾸준한 조회수를 기록하며, 최근 2020년에 공개된 '그 중에 그대를 만나' 영상이 100만 뷰를 돌파하는 등 지속적인 인기를 보여준다.

임영웅 현상은 음원시장뿐만 아니라 다른 분야에서도 찾아볼 수 있다. 2024년 4월 상암 월드컵경기장에서 열린 FC서울과 대구FC의 경기는 K리그 유료 관중 신기록을 세웠다. 임영웅이 시축을 했기 때문이다. 4만 5,000명은 유료 관중이었고, 무료 관중을 더하면 4만 7,000여 명이 경기장에 운집했다.

이러한 임영웅의 인기는 그의 팬덤 영웅시대의 적극성과 이어진다. 이들은 임영웅이 가는 곳은 어디든 함께하며, 임영웅이 하는 광고, 방송, 공연 등은 100% 완판 행진을 이어가며 그들의 애정을 보여준다. 이러한 팬들의 적극성은 이제까지 기성세대들은 도외시했던 팬 문화의 또 다른 변화를 말한다.

당신은 어떻게 영웅시대가 되셨나요?

팬들과 이야기를 나누다 보면 맨 처음 '가수 임영웅'을 어떻게 만나게 되었는지 에피소드들이 등장한다. 마치 남친이나 여친을 처음 만났을 때의 역사가 사람마다 다르듯 그들의 기억 속에 임영웅은 만난 흔적은 비슷하지만 그 과정은 빨주노초파남보 다른 색깔을 띤다.

대부분의 팬들은 〈미스터트롯〉에 나왔던 그를 기억한다.

시어머님이 좋아하셔서 같이 보다가 시어머님이 좋아하는 장민호 대신 '보라빛 엽서'를 부르는 임영웅에 반했다는 분, 친구가 좋아해서 같이 들어주다가 어느새 임영웅의 감미로운 목소리에 빠져들게 되었다는 분, 우연히 TV조선에서 나오는 〈미스터트롯〉을 보다가 그의 말끔한 외모 뒤에 나오는 절절한 가정사를 듣고 모성애가 발동했다는 분, 우연히 노래 '바램'을 듣고 먼저 간 남편의 음성, 그간의 힘들었던 일들이 파노라마처럼 펼쳐졌다는 분, 몸이 좋지 않아 병원에 누워 있는데 〈미스터트롯〉에 나오는 그의 노래가 마치 내 인생을 노래하는 것 같아 휴지 반통이 다 젖도록 통곡했다는 분. 만나게 된 사연은 다르지만 임영웅의 목소리에, 노래에, 삶의 이야기에 빠져들었다고 고백한다.

이들은 '임영웅의 노래로 아픈 마음이 치유됐다'고 입을 모아 이야기한다. 아무도 알아주지 않았던 자신의 인생의 모든 것을 마치 아는 듯 노래 부르는 그의 음성에 홀리듯 그를 좋아하게 되었다고 이야기한다. 팬덤 영웅시대는 그런 이들이 모여 있는 곳이다.

팬덤활동을 한다는 것은 한 가수를 좋아하는 각기 다른 사람들이 하나의 공동체에 가입함을 뜻한다. 혼자 좋아할 때와는 달리 영웅시대를 통해 임영웅의 팬들이 좋아하는 가수 이야기를 함께 하고 임영웅에 관한 공동체 활동을 통해 소속감을 느낀다. 팬들은 공동체 안에서 공연이나 이벤트, 집회, 지역모임 등의 오프라인 모임이나 온라인상의 회의, 게시판 등을 통해 집단행동에 참여한다.

팬들은 영웅시대의 일원이 되어 집단행동에 참여함으로써 소속감과 정체성을 느끼는 동시에 사회적인 의미를 갖는다. 혼자서는 할 수 없는 이러한 집단행동들은 사회적 기부나 순위차트, 집단 사회적 행동들을 통해 가수를 돕는 결과로 이어진다. 이러한 일련의 과정은 팬들에게는 자신의 가수에게 도움이 되는 행동이라는 성취감으로 이어지며 이 결과에 대한 고마움을 표현하는 가수들을 보며 또 하나의 열정을 불태우게 된다.

왜 우리는 팬덤활동을 통해 행복을 느끼는가?

내 존재가치의 확인: 나도 사회에 도움을 주고 싶다

팬덤활동은 그 자체만으로도 개인에게 뿌듯함을 느끼게 한다는 점에서 기존의 진지한 여가들과 차별화된다. 이러한 팬덤활동은 인생의 후반기에 들어서 스스로 주류문화에 관심이 없다고 여겼던 사람들이 대중문화 전반에 대한 지식을 익히고, 문화산업의 프로슈머로서 사회적으로 주목받는 기회가 된다.

사실 이제까지 대부분의 팬덤문화는 MZ세대의 전유물로 간주되어 왔다. 하지만 최근 중장년 여성 중심의 팬덤이 아이돌 팬덤에 뒤지지 않는 수많은 성과들을 스타에게 선사하면서 '우리도 할 수 있다'라는 긍정적인 자세를 갖게 된 것이다. 여기서 놓치지 말아야 할 점은 이러한 활동들은 이들이 자신의 존재적 의미와 가치를 인식하는 중요한 계기가 되었다는 것이다.

여성에게 중장년기란 엄마이자 아내 등 여러 부분에서 사회인의 역할을 내려놓는 시기라 할 수 있다. 특히, 평생 자녀에게 헌신한 엄마들은 자신의 사랑을 부담스러워하는 장성한 자녀들을 마주하게 된다는 측면에서 많은 혼란이 있는 시기다. 하지만 이들은 팬덤활동을 통해 자녀를 대신해 애정과 관심을 쏟을 대상인 스타를 바라보며 활력과 기쁨을 되찾았다.

특히 팬덤 커뮤니티 안에서 다른 팬들과 함께 응원함에 따라 개인으로는 달성하기 어려운 각종 성취를 스타에게 안겨줄 수 있었고, 이러한 과정을 통해 사랑을 주는 것에 익숙했던 엄마로서의 역할을 되찾을 수 있었다. 이것은 그 자체로 보람을 느끼며 자신의 존재가치를 확인하는 기회가 되고 팬덤의 힘으로 사회적 활동을 하는 도움의 계기가 된다.

봉사활동과 기부, 가수를 향한 응원과 서포트 등의 활동들은 이러한 측면에서 상당히 중요하며, 자신의 손길이 사회에 영향을 주고, 가수를 정상에 올려놓는 단초가 됨을 팬 스스로 느끼게 된다. 결국 이러한 팬덤활동은 한 개인의 덕질이 아닌 사회적 여가활동으로 자리한다는 것을 알 수 있다.

외로움의 발로, 내가 좋아하는 사람들을 만나다

중년기에는 자녀의 독립, 은퇴 등의 변화로 인해 정체성의 공백이나 공허함을 느끼기 쉽다. 이때 팬덤활동은 공통된 관심사를 가진 사람들과의 연결을 통해 새로운 소속감을 제공하며, 정서적 안정을 얻게 된다.

과거의 팬은 혼자 가수를 좋아하고 그의 자료를 모으고 콘서트를 보는 데 그쳤다. 말 그대로 일방향의 애정으로 모든 것을 혼자 했다. 하지만 지금의 팬덤은 온라인과 각 지역 오프라인 공동체를 통해 가족과 친구들도 온전히 이해할 수 없는 자신의 마음을 털어놓고, 이해와 공감을 받으며 소속감과 위로를 얻는다. 또한 평생 처음 느껴보는 감정, 즉 자신이 좋아하는 것을 통해 느껴지는 행복을 누린다. 육아에서 벗어난 중년일수록 자신의 위치, 자리매김에 대한 욕망은 더욱 커진다. 결국 사람은 자신의 가치를 존중받고 소속감을 느끼며 즐거워하기 때문이다.

임영웅의 팬덤 '영웅시대'는 구성원 개개인의 배경에 차이가 있지만, 이들이 영웅시대를 통해 이루고 싶은 것은 단 하나다. 하나의 공동체를 통해 임영웅을 응원하고, 임영웅의 성공이라는 공동목표를 이루기 위해 단합된 마음이 그것이다.

자신이 좋아하는 가수를 이야기하고, 자신이 좋아하는 사람들을 만나고, 어느새 가족처럼, 친구처럼 가까워진 팬덤! 이로 인한 다양한 모임들은 이들에게 더욱 큰 행복과 의미를 부여한다.

교감을 통해 위로를 얻다

좋아하는 아티스트와의 교감, 팬들과의 교감은 정서적 만족감을 제공한다. 특히 임영웅의 음악이나 그의 말에서 느껴지는 위로와 힐링은 자신의 인생에 대한 인정과 믿음에서 나온다.

그는 단순히 음악적 재능뿐 아니라 성실함, 효심, 공감 능력 등 인간적인 매력을 겸비해 기성 팬들에게 깊은 감동을 주었으며 힐링 가득한 노래 가사들은 마치 팬들 자신의 인생을 향한 메시지 같다는 생각을 갖게 한다. 또한 방송이나 콘서트에서 가수가 보여주는 따뜻한 말과 행동들은 치유와 공감의 메시지로 작용하며 중년층에게 강한 호소력을 발휘한다.

이러한 교감은 기성세대가 디지털 환경에 익숙해져 그들의 팬 활동이 용이해지면서 나타난 결과다. 이들이 온라인 팬덤활동에 적극적으로 참여할 수 있게 되면서 다양한 팬카페를 통해 임영웅의 노래와 영상을 수시로 접할 수 있게 되었고, 이를 통해 일상 스트레스를 해소하고 긍정적 에너지를 얻는 기회를 얻게 되었다. 또한 팬덤활동이 세대와 성별에 관계없이 누구나 참여할 수 있는 문화로 자리 잡으면서 젊은 세대와 교류하며 세대 간 소통을 확대하는 기회가 되었다.

이렇듯 기성세대의 팬덤활동은 단순한 연예인에 대한 관심을 넘어 정서적 안정, 새로운 소속감, 그리고 사회적 기여로 이어지는 다차원적 의미를 가진다. 자신의 인생을 인정받는 정서적 안정과 존재가치의 확인, 소속감과 위로를 얻는 긍정적인 요인들은 이들이 팬덤활동에 열광적인 이유가 된다. 누구의 눈치도 보지 않고 자신이 좋아하는 일, 좋아하는 사람들을 만나고 싶은 욕구, 이것이 이들이 팬덤에 열광하는 이유다.

임영웅의 음악세계

임영웅이 세상에 알려지게 된 계기는 〈미스터트롯〉이라는 트로트 가수를 뽑는 오디션 프로그램이었다. 하지만 임영웅이 〈미스터트롯〉에서 1위에 오르며 그 상으로 조영수 작곡가에게 받은 곡은 '이제 나만 믿어요'라는 발라드. 애초 발라드나 R&B 가수가 되려 했던 임영웅이어서 일까. 트로트 오디션 프로그램 1위 특전곡이니 당연히 트로트 장르의 노래여야 하는데 부르는 곡은 발라드에 가깝다. 정확히 분류하자면 '팝 발라드풍 트로트'다.

그의 목소리는 감미로운 발라드에, 맛깔스러운 트로트에, 신나는 댄스에 맞게 변화한다. 쌍용자동차 올 뉴 렉스턴 광고 삽입곡으로 많은 사랑을 받았던 'HERO'는 브리티시 팝이며 드라마 〈신사와 아가씨〉 OST이자 이문세 원곡을 리메이크한 곡인 '사랑은 늘 도망가' 또한 한국의 대표적인 발라드다.

임영웅의 데뷔 첫 정규 앨범 'IM HERO' 또한 타이틀 곡 '다시 만날 수 있을까'로 명품 발라드를 추구한다. 작사·작곡 이적, 편곡 양시온, 스트링 편곡 정재일의 라인업부터 확실히 발라드다. 임영웅의 데뷔 첫 정규 앨범 'IM HERO'에는 발라드와 트로트는 물론이고 팝, 힙합, 댄스, 포크 등 다채로운 장르의 음악이 조화를 이루고 있다.

그렇다면 트로트는 없는 걸까.

TV조선 〈미스트롯2〉에서 최초로 공개한 '별빛 같은 나의 사랑아'는 정통 트로트 장르 곡이다. 또한 전통적인 트로트 곡을 그만의 창법으로 소화한 다양한 리메이크 곡들로 트로트 가수의 정통성도 놓지 않고 있다.

〈미스터트롯〉 진의 자리에 오르기 전까지 임영웅은 분명 트로트 가수였다. 하지만 이제는 트로트만이 아닌 발라드, 팝, 댄스 등 감성 장인다운 그만의 다양한 장르를 보인다. 시대는 변했고 융합이 대세인 음악시장에서 임영웅의 행보는 어쩌면 21세기적인 가수로서 가치를 보여주고 있는지도 모른다. 한마디로 관객들이 공감하는 곡이라면 그 어떤 곡이든 소화하는 모든 장르의 가수 말이다.

그의 콘서트를 보자.

세상 모든 가수들이 자신들의 콘서트를 열심히 준비하겠지만 가수 임영웅의 공연은 참 특별하다. 그 큰 공연장에서 150분 동안 노래하기에도 벅찰 텐데 다른 출연자 없이 혼자서 노래하고 춤추고 사회까지 보면서 알차게 이어간다. (대부분의 콘서트는 게스트들의 노래를 통해 휴식을 취한다)

가수에게는 최대의 찬사가 되겠지만, 콘서트 무대 위의 임영웅은 무엇보다 노래를 정말 잘 부른다. 특별히 힘들이지 않고 인상도 쓰지 않으면서 옆 사람에게 이야기하듯 노래를 부른다. 다른 트로트 가수들처럼 과장된 바이브레이션이나 꺾기 창법 같은 기교 없이 자연스럽게 노래한다. 고음역에 가서도 남들처럼 힘들이는 표정이 아니다. 목소리 자체도 좋은 데다가 발성도 제대로다. 그래서 듣기가 편하다. 노래의 전달력이 뛰어나니 가수로서 그만한 강점이 어디 있을까.

2023년부터 현재까지 임영웅의 콘서트에는 참 다양한 곡들이 등장했다. 임영웅은 트로트뿐만 아니라 발라드, 모던 록, 시티팝 같은 다양한 장르를 넘나들었다. 'Do or Die'를 부르며 EDM(Electronic Dance Music)에 도전하고 '런던 보이' '폴라로이드' 같은 모던 록 계열의 노래들을 칼군무와 함께 부르는 임영웅을 보면 그가 '트로트 가수'였다는 사실을 잊게 된다. 실제로 임영웅은 '아이돌 차트' 평점 랭킹에서 139주 연속 1위에 오르는 기록을 세우기도 했다.

참 신기한 것은 임영웅은 어떤 장르의 노래를 불러도 낯설거나 어색하지 않고 잘 어울린다는 점이다. '트로트 가수'가 아닌 '임영웅'을 청중은 거부감 없이 다 수용한다. 군무와 함께 '런던 보이'를 부르는 임영웅을 향해 응원봉을 흔들며 환호하는 60~70대 여성들의 모습에서 두 세대의 문화가 합해지는 광경을 발견한다. 이미 팬들에게는 트로트냐 발라드냐 모던 록이냐가 아니라, 노래를 부르는 사람이 '임영웅'이라는 사실이 중요한 것이다.

이제 그의 음악은 하나의 장르로 말할 수 없다. 그저 무슨 노래의 가수가 아니라 임영웅이라는 하나의 관을 통과한 노래, 즉 '임영웅이란 장르'만이 있을 뿐이다.

임영웅의 스토리텔링

그의 스토리텔링은 크게 세 가지로 나눠볼 수 있다.

첫째, 어렵고 힘든 환경에서 꿋꿋하게 살아온 캔디형 가수

그는 다섯 살 때 아버지를 사고로 떠나보냈다. 어머니와 외할머니 손에서 자랐고, 노래를 곧잘 불러 실용음악과에 진학했지만 오랜 무명 시절도 보냈다. 모아둔 돈은 떨어지고 월세도 밀리자 군고구마를 팔며 생계를 이어갔던 시절의 이야기, 〈전국노래자랑〉부터 거리 공연까지 여러 무대를 전전한 뒤 2020년 〈미스터트롯〉에서 1등을 거머쥔 이야기는 특별한 이야기가 된다. 이 시대의 대표적인 '흙수저' 서사가 베이비부머 세대에게 반드시 성공시켜야 하는 '우리 영웅이'를 만든 것이다.

그는 〈미스터트롯〉의 주인공으로 스타가 됐지만 원래는 발라드나 R&B 가수가 되고 싶었다. 하지만 마음과는 달리 번번이 가요제에서 입상에 실패하자 장르를 바꿨고, 결국 경기도 포천에서 열린 한 가요제에서 트로트를 불러 1등을 차지했다. 그 이후 트로트로 장르를 바꿔 2016년 〈전국노래자랑〉에서 최우수상 수상, SBS 〈판타스틱 듀오〉에 출연하는 등 조금씩 이름을 날리게 된다. 〈판타스틱 듀오〉에 출연한 모습을 본 지금의 신정훈 대표는 그를 만났고, 임영웅은 2016년 드디어 '미워요'로 데뷔하게 된다.

어려운 시기에도 그는 포기하거나 절망하지 않았다. 꾸준히 버스킹을 하고 유튜브 영상을 찍었다. 이 두 가지가 그를 만든 일등 공신이자 신의 한 수였다. 300여 개의 영상에 담은 다양한 노래와 콘텐츠를 보면 그가 얼마나 '소중한 땀'을 흘렸는지 짐작이 간다.

그렇게 보낸 약 3년의 무명 시절은 임영웅에게 보약 같은 시간이었다. 음악적 내공도, 심적 내공도 다져진 시간. 노래 실력은 향상되었고 그런 노력의 결과, 지금의 그가 되었다.

그가 처음으로 등장한 오디션 프로그램인 〈미스터트롯〉에서 알려진 그의 스토리는 노래와 함께 임영웅을 이해하는 단초가 되었다. 그의 행동, 그의 표정, 그의 말이 곧 그의 삶에서 나왔다는 것을 아는 팬들은 더욱 그를 사랑하게 되었고 노랫말은 많은 이들의 위로가 되었다.

성장형 스토리텔링은 그냥 나오지 않는다. 어린 시절의 고난도, 무명의 아픔도 지금의 단단한 그를 있게 한 소중한 스토리다.

둘째, 이 시대의 보기 힘든 의리형 가수

그의 의리에 관한 미담은 유튜브나 기사, 다양한 소식들을 통해 전해져온다.

임영웅은 무명 시절이 길었던 만큼 그를 알았던 이들도 각양각색이지만 그 속에서 자기만의 방식으로 의리를 지켜가는 모습을 보인다. 성공하면 언제 그랬냐는 듯 자신의 길을 가는 요즘의 세태에서 그의 한결같은 모습은 더욱 빛을 발한다.

사연1

가장 대표적인 사연은 임영웅과 소속사 신정훈 대표 사이의 의리다.

실제로 임영웅이 추석특집 TV조선 〈뽕숭아학당〉에서 은인으로 소개한 신정훈 대표는 "제가 트로트를 처음 시작하면서 지금까지 쭉 함께하고 계신 대표님이다"라고 소개했다. 임영웅은 또 "감사한 사람들을 모신다고 했을 때 정말 많은 분이 계신데 가장 가까이 계신 분을 생각하니 대표님이 생각났다. 어느 때는 형 같고 또 어른 같은, 심지어 아버지 같은 존재다"라고 설명했다. 실제로 어려웠던 시절 대표 개인카드를 주며 밥을 챙겨 먹게 했고, 자신의 능력을 알아보고 기다려준 물고기뮤직 신정훈 대표에게 무한한 신뢰를 보였다.

이러한 그의 마음은 실제로 소속사 이적을 둘러싸고 나타나기도 했다. 흔히 연예계에서는 무명가수가 스타가 되면 데뷔 시절의 기획사보다는 대형 기획사로의 이적이 공공연하게 일어나고 있는 게 현실이다. 유튜버 이진호에 따르면 임영웅의 몸값이 높아지면서 CJ ENM이나 하이브 같은 기획사들이 500억 원 이상을 제안했으나 임영웅이 소속사를 옮기지 않았다고 전했다. 실제로 임영웅은 물고기뮤직 신정훈 대표에 대한 끈끈한 의리와 함께 현재까지도 소속사를 그대로 유지하고 있다.

사연2

임영웅의 무명 시절 당시 밴드에 얽힌 에피소드다. 임영웅 밴드의 기타리스트 이성렬이 밝힌 이야기로, 임영웅이 무명 시절 공연을 위해 브라스 파트가 필요했지만 세션을 의뢰할 돈이 없어 공연을 앞두고 힘들어했다고 한다. 그러던 중 이런 임영웅의 사정을 이해하고 흔쾌히 브라스를 도와준 연주자들이 있었고, 임영웅은 이들 덕분에 무사히 공연을 마칠 수가 있었다.

〈미스터트롯〉으로 스타덤에 오른 임영웅과 소속사 물고기뮤직 측은 당시의 그들을 기억해내고 임영웅의 무명 시절 공연에서 브라스 연주를 아무런 대가 없이 무료로 도와준 그때 그 연주자들을 찾기 위해 백방으로 수소문했다고 한다.

다행히도 밴드를 찾은 이들. 결국 임영웅의 밴드에 합류해 지금도 함께하고 있다.

사연3

결혼식 축가에 관한 미담이다.

〈미스터트롯〉 경연 중 바쁜 스케줄로 쪽잠을 두 시간씩 자면서도 자신과 친한 친구의 결혼식을 찾은 임영웅의 미담은 꽤나 유명하다. 몇 년 전에도 임영웅은 가장 친한 친구의 결혼을 축하하기 위해 부산을 찾았다. 이날 임영웅은 먼저 자신의 히트곡 '이제 나만 믿어요'를 부르며 결혼식장의 분위기를 띄웠다. 하객들의 큰 환호 끝에 선창을 마친 임영웅은 "신랑의 절친한 친구로서 축가를 부르게 됐다. 결혼 축하드리고 앞으로도 항상 행복했으면 좋겠다. 노래 부르는데 신랑 표정 보고 눈물이 날 뻔했다"며 친구와의 훈훈한 우정을 과시했다.

사실 임영웅급 되는 가수나 연예인들은 주위에서 엄청난 축가 섭외 요청이 들어온다. 하지만 바쁜 스케줄상 이 요청에 전부 호응해 줄 수 없다 보니, 임영웅은 나름 자신만의 기준을 세웠다고 한다. 그

> 것은 바로 '정말 친한 친구의 축가. 진심으로 축하하는 마음으로 참석하여 단 한 푼도 받지 않고 무료로만 진행하기'다.
> 　갑자기 스타가 되었지만 자신과 정말로 친한 죽마고우들은 잊지 않는 그만의 의리 있는 방식이라고 할까. 이러한 그의 의리와 심성은 다른 가수와는 차별화된 그만의 무기가 되었다.

셋째, 인간적 매력을 잃지 않은 따뜻한 가수

사실 이제껏 현대사회에서 가수와 팬은 동등한 것 같지만 동등하지 않은 관계였다. 팬은 가수들 앞에서 많은 것을 희생하고 이해해야 하는 존재였다. 악동 같은 이미지의 어느 대형 팝스타는 한 시간이 넘도록 무대에 등장하지 않아 팬들의 애간장을 끊어놓기 일쑤였고 약속된 곡들을 채 부르지도 않은 채 콘서트를 끝내는 일도 허다했다. '나를 보러 오려면 이 정도는 감수해야지' 하는 무언의 규칙 속에서도 팬들은 오히려 환호로 응답하지 않았나. 하지만 임영웅은 달랐다.

콘서트에 다녀온 어머니들의 마음을 홀랑 빼앗은 주인공은 방석이었다. 서울 콘서트 무대인 KSPO DOME 1만 5,000석 전부 방석을 깔아두었다는 것이다. "그렇게 대접받은 공연은 처음이다" "나이가 드니 엉덩이에 살이 없어서 배기고 아픈데 푹신한 방석을 그냥 주더라"라는 칭찬이 쏟아졌다. 여기에 더해 전국 콘서트마다 방석 색깔을 달리해 컬렉팅 재미까지 주니 '임영웅 방석 전부 수집 완료'라는 태그를 붙인 인증사진으로 카톡 프로필 사진을 바꾸고 친구들에게 자랑할 수밖에 없다.

여자 화장실 앞에 길게 늘어선 '어머님 팬'들을 본 임영웅이 간이 화장실을 추가로 더 설치하라고 했다는 이야기며, 콘서트장 밖에서 부모님들을 모시고 가려고 기다리는 효성 깊은 자식들까지 잊지 않고 대기 장소까지 만들어놓으면서 그야말로 임영웅의 콘서트는 미담 일색이었다.

그들이 임영웅에게 반한 이유는 그냥 '관객'이 아니라 '환대받는 손님'이 된다는 데 있는 것이 아닐까? 결국 중요한 것은 그 속에 담긴 배려와 관심이다.

21세기 스타의 인기 조건: 신뢰, 진정성, 매력, 윤리

팬들이 사랑하는 임영웅의 매력

임영웅은 외모가 준수하다.

아이돌 못지않은 깔끔한 외모는 젊은 시절의 첫사랑을 생각나게 하고 기존의 트로트 가수와는 다른 분위기로 사람의 마음을 끈다. 삐까번쩍하지 않지만 수수하면서도 깨끗한 이미지, 약간의 수줍음과 함께 나오는 때묻지 않은 순수함, 거기에 내 남편하고는 다른 날씬한 몸매, 오버하지 않으면서도 절제할 줄 아는 매너가 돋보인다.

임영웅은 노래를 참 잘한다.

오디션 프로그램에 등장한 만큼 노래는 맨 처음부터 톱(TOP)을 찍었고 트로트뿐만 아니라 다양한 장르의 곡을 그만의 창법으로 소화한다. 이제는 트로트 가수가 아니라 트로트도 부르는 가수가 된 그는 OST, 발라드, 댄스, 포크 등 폭넓은 장르의 곡을 소화하며 자신의 음악성을 뻗어간다. 다양한 음악을 소화하면서도 흔들리지 않는 음정과 안정된 발성, 그윽한 그의 목소리 톤은 많은 팬들의 마음을 사로잡는다.

그중에서도 그의 가장 큰 음악적 매력은 몸속 깊은 곳에서 울리는 감성을 들 수 있다. 부담스럽지 않은 창법과 그만의 따뜻한 감수성은 많은 팬들의 마음을 울리고 그들의 삶을 노래하는 듯한 진정성으로 다가간다. 어쩌면 이 같은 깊은 감수성이 다른 가수와는 차별화된 임영웅식 노래로, 임영웅식 브랜드로 자리매김하는지 모르겠다.

임영웅은 가슴이 따뜻하다.

힘들었던 인생만큼 많은 사람을 배려하고 볼 줄 아는 깊이가 있다. 힘든 어린 시절과 긴 무명생활은 그를 일찍 철들게 했고 세상의 다양한 아픔을 이해하는 철학을 배우게 했다. 무명 시절부터 주변인들을 세심하게 챙기던 임영웅의 인성은 슈퍼스타가 된 현시점에도 나타난다. 자신을 드러내기보다는 묵묵한 선행을 실천하는 그의 겸손한 모습을 정말 사랑한다는 그의 팬들은 그를 좋아하는 만큼 그의 모습을 닮길 원한다. 영웅은 소박하고 진솔하다.

팬들의 아낌없는 선물이 그들에게 부담이 될까 손편지만 받겠다는 그는 조공문화를 거부한다. 대신 큰일이 있을 때마다 기부를 하고 팬들의 기부 또한 무리하지 말라 부탁한다. 건강이 제일이라며 '건행(건강하고 행복하세요)'을 이야기하고 팬들의 무리한 행보를 걱정하며 '나건내챙(나의 건강은 내가 챙긴다)' 챌린지를 기획한다. 임영웅을 보기 위해, 그의 스트리밍과 투표를 위해 밤을 새며 무리했던 팬들은 '나의 건강은 내가 챙긴다'라는 구호나 영상을 챌린지로 남기며 기분 좋은 하나가 된다.

임영웅은 특별하다.

흔히 가수들은 방송으로 자신을 알리고 행사로 먹고산다 한다. 그만큼 행사는 수입에 지대한 영향을 준다. 그렇기 때문에 트로트 가수든 아이돌 가수든 짧은 시간 많은 페이를 주는 행사를 거부하는 가수는 흔

건행 캐릭터
출처: 임영웅 마이너갤러리

치 않다. 하지만 임영웅은 쏟아지는 행사 어느 하나에도 참여하지 않으며 방송보다는 콘서트를 통해 팬들을 만나고자 한다. 이미지를 지키는 광고만을 고수하며 음악에 대한 자신의 생각과 고집이 있다. 의리를 중요시하여 몸값이 천정부지인 지금도 첫 소속사와의 계약을 이어가며 힘든 시절 도와줬던 이들을 살핀다.

　이런 가수를 팬들은 사랑한다.
　그들은 아침마다 유튜브를 통해 그의 음악을 듣고, 블로그에 댓글을 남기고, 인스타그램이나 트위터에 가수 임영웅의 근황과 소식을 나누며 그에게 빠져들어 간다. 누가 시키지도 않았는데, 누가 하라는 것도 아닌데 자신의 시간과 정성, 마음을 들여 하루를 그와 함께 보낸다.
　가수 임영웅에게 시간과 품을 들일수록 팬들은 더욱 그를 지지하고 가슴 따뜻하게 봐라봐준다. 자신에게 무엇을 주지 않아도 그저 그가 잘되기를, 세상 속에 톱 가수로서 우뚝 서기를 기도하고 또 기도한다.

팬을 사랑하는 가수, 그리고 그 가수를 응원하는 팬들. 역시 자세히 보아야 예쁘고 오래 보아야 사랑스럽나 보다.

트로트를 넘어선 임영웅이라는 장르

기존의 트로트라는 장르는 '트로트' 하면 떠오르는 그만의 전형적인 이미지가 있었다. 반짝반짝한 보라색 의상과 약간의 오버스러운 액션이 떠오르는 기존의 이미지는 가수 임영웅의 무대를 통해 트로트에 대한 세간의 인식을 완전히 허물고 있다. 한마디로 고급스럽고 현대화된 트로트로 변화하고 있다.

영웅시대와 이야기하다 보면 원래 트로트를 좋아해서 임영웅을 좋아하기보다는 그의 목소리에서 나오는 '그만의 감성이 좋아서' '그의 노래가 내 인생을 위로하는 것 같아서' 좋아한다는 답이 많았다. 한마디로 '공감과 위로가 된다'는 것이다. 현재 임영웅이 BTS를 뛰어넘는 브랜드 가치를 나타낼 수 있는 것은 트로트에서 시작된 음악이지만 그가 폭넓은 연령층과 계층의 팬들을 거느리고 있다는 이유도 매우 크다.

임영웅이 트로트에서 장르를 확장해나간 계기는 TV조선 〈미스터트롯〉과 〈사랑의 콜센타〉의 영향이 크다. 당시 방송에서 불러 화제가 됐던 노래를 살펴보면 노사연의 '바램'(발라드), 김광석의 '어느 60대 노부부 이야기'(포크), 도원경의 '다시 사랑한다면'(록), 김건모의 '서울의 달'(발라드) 등 한 가지 장르로 규정하기 어렵다. 또한 〈미스터트롯〉 이후 실질적인 첫 데뷔곡인 'HERO(브리티시팝)' 또한 팝 장르를 표방했다.

또한 그가 OST곡으로 불러 폭발적 인기를 누렸던 곡들, '사랑은 늘 도망가' '우리들의 블루스' 같은 노래들은 참 애틋하고 아리면서도 울림이 큰 깊이를 느끼게 한다. 청승맞게 감정을 드러내던 예전의 트로트와는 전혀 다른 감성적 발라드들이다.

> 사랑이란 게 참 쓰린 거더라 / 잡으려 할수록 더 멀어지더라 /
> 이별이란 게 참 쉬운 거더라 / 내 잊지 못할 사람아 /
> 사랑아 왜 도망가 수줍은 아이처럼 /
> 행여 놓아버릴까 봐 꼭 움켜쥐지만 /
> 그리움이 쫓아 사랑은 늘 도망가
>
> — '사랑은 늘 도망가' 중에서

이렇듯 그만의 장르는 끊임없이 확장되었다. 트로트뿐 아니라 포크, 록, 발라드, 댄스, 브리티시팝에 이르기까지 임영웅만의 가창력과 감성으로 무장한 임영웅표 장르는 세대를 아우르며 사람들의 공감을 자아냈다. 시대의 흐름은 분명 하나의 장르를 원하지 않는다. 한 시대의 아이콘이었던 가수 조용필이 다양한 장르를 그만의 창법으로 소화하고 끊임없이 새로운 음악을 만들어갔듯 임영웅 또한 매번 임영웅식 음악 세계를 펼쳐나가고 있다.

> 아프다 말도 못 하는 사람 이제는 내가 지켜줄게 /
> 어린아이로 돌아가버린 사랑하는 내 아버지 /
> 사랑해요 내 아버지
>
> — '아버지' 중에서

막내아들 대학 시험 뜬눈으로 지내던 밤들 /
어렴풋이 생각나오 여보 그때를 기억하오 /
큰 딸아이 결혼식 날 흘리던 눈물방울이 /
이제는 모두 말라 여보 그 눈물을 기억하오

- '어느 60대 노부부 이야기' 중에서

우리네 부모들에겐 요즘의 사랑 이야기를 뛰어넘는 구구절절한 사연과 수십 년간 힘들게 살아온 인내의 시간이 있었다. 참 신기하게도 임영웅은 그런 부모들의 마음을 알고 있다는 듯이 하나둘 노래를 풀어간다.

하얀 머리와 주름만 남은 내 아버지에 대한 사랑의 노래를, 어머니 아버지가 자식을 키우며 하지 못했던, 가슴에 묻은 그 옛이야기를 임영웅은 담담하게 부른다. 노래로 이야기한다. 20대 연인들에게 나올 법한 사랑 노래는 아니지만 누구나 한 번쯤은 느꼈을 아버지에 대한 감정, 부부애에 대한 마음을 이렇게 뭉클하게 표현한 적이 있었던가.

누구도 알아주지 않았던 자신들의 마음을 이렇듯 노래로 위로하자 많은 팬들은 거기에 화답했다. 특히 베이비부머 세대들은 고단했던 삶에 대한 위로에 가슴이 찡해진다고 고백한다. "거친 세상이지만 나를 믿고 가오"('HERO') "언제든 내 곁에 쉬어가요"('모래 알갱이')라 던지는 그의 노래는 결코 쉽지 않은 세월을 살아온 사람들에 대한 치유의 힘을 발휘한다. 30대 초반의 가수이지만 이문세나 김광석 같은 선배 가수들이 불렀던 것보다 더 깊은 울림이 전해지는 것은 그러한 팬들의 마음을 이해하고자 하는 진정성 때문일 것이다.

선택받은 자들을 위해: 콘서트 티켓 전쟁

〈미스터트롯〉 오디션 프로그램으로 데뷔한 임영웅은 노래로 경쟁한 만큼 다양한 레퍼토리를 가지고 있다. 하지만 그는 〈사랑의 콜센타〉 〈뽕숭아학당〉 〈마이 리틀 히어로〉 등 몇몇 프로그램의 게스트 활동을 제외하고는 방송이나 행사를 전혀 하지 않고 있기 때문에 팬들은 가수 임영웅을 직접 만나는 유일한 통로가 콘서트라 할 수 있다. 그런 만큼 콘서트 티켓을 잡기 위한 경쟁은 치열하다.

특히 연세가 드신 팬들의 경우 온라인으로 이뤄지는 콘서트 티켓 확보는 쉽지 않은 것이 현실이다. 실제로 서울 월드컵경기장 2회차 콘서트 예약은 온라인 오픈과 동시에 매진됐다. 티켓 예매 트래픽이 1분 만에 최대 370만에 달하면서 인터파크 역사상 최대 기록을 세웠다. 나훈아, BTS의 기록을 깬 것이다. 어머니의 티켓을 구하기 위해 아들딸이 동원됐고, 온라인에서는 티켓을 구하지 못한 사람들의 사연이 즐비했다. 티켓 오픈 하자마자 얼마 안 돼 바로 매진되는 통에 본인은 물론 친구, 친지, 가족들까지 모두 동원되어 티켓을 확보하는 진풍경이 벌어진다.

영웅시대 P

정말이지 콘서트 티켓 사는 건 너무너무 어려워요. 작년에는 정말 제가 살 줄 알았거든요. 그전 콘서트보다 훨씬 큰 공연장에서 해서 표도 조금 더 여유 있을 줄 알았으니까요. 저랑 제 딸, 사위가 같이 시도했는데도 그걸 못 구한 거예요. 그때 얼마나 속상했는지 며칠 앓아누웠다니까요.

작년에 못 구했던 게 속상했는지 딸 주도하에 이번엔 온 가족이

> 모두 피시방으로 갔어요. 제 친구, 사위, 딸, 손자, 손녀가 다 피시방에서 진을 쳤습니다. 째깍째깍 티켓 오픈 시간을 기다리는 우리에게 긴장감이 흘렀고, 드디어!
>
> 티켓 오픈~ 하자마자 결국 가장 손 빠른 제 손녀가 콕! 찍어서 콘서트 티켓을 샀답니다. 꺄~ 되자마자 피시방 전체가 울리도록 어찌나 환호를 질렀던지. 곳곳에 있던 임영웅 팬들이 다 부러워했어요~

이렇게 어렵게 사게 된 콘서트 티켓은 지역별로 하나의 콘서트 문화를 이룬다. 특히 지역분들이 많은 영웅시대의 특성상 대부분 버스를 대절해 움직이며 함께 음식을 먹고 하나의 문화를 함께하기 때문이다.

심지어 2023년 LA 콘서트 당시에는 버스 대신 전용 비행기를 띄워 팬들을 싣기도 했다. 1인당 1,000만 원의 비용이 드는 전용 비행기 경쟁률이 100대1이었다니 그 열정과 파워는 상상을 초월한다 하겠다.

한국의 콘서트장 중 몇만 명의 인파를 수용할 공간이 부족한 탓에 팬들은 늘 콘서트에도 동동거리며 아쉬워한다. 그래서일까. 임영웅은 2024년 5월엔 마포구 서울 월드컵경기장에서, 2024년 12월엔 고척 스카이돔에서 콘서트를 진행했다. 가수를 보기 위한 콘서트 티켓 전쟁, 오늘도 팬들의 사랑과 비례한다.

콘서트는 팬덤의 중요한 장:
가수와 팬, 세대와 세대가 하나 된 공간을 만들어라

임영웅의 공연장은 세대 통합의 자리다. 2대는 물론이요 3대가 나란히 앉아 관람하는 가족도 어렵지 않게 볼 수 있었다. 콘서트에서는 "HOT 콘서트 안 보내주던 엄마에게 복수하려고 임영웅 콘서트 티켓 예매 안 하려 했는데 열심히 티켓팅해서 오게 됐다"는 딸의 사연부터 "임영웅 '런던보이' 머리 스타일 따라 하려 31년 만에 '뽀글머리' 했다가 놀림받았다"는 나이 지긋한 여성 팬의 사연도 소개됐다.

사실 팬들 입장에서는 콘서트 티켓 전쟁에서 어렵사리 구한 표인 만큼 콘서트에 대한 기대는 끝이 없다. 어렵게 구했고, 가격도 10만 원을 훌쩍 넘는 가격이라 두 명이 함께 온다면 30만 원이 가까운 비용을

임영웅 콘서트 포스터

지불하고 와야 하기 때문이다.

하지만 이들은 그저 좋기만 하다. 친구들과, 또 가족들과 응원봉을 사고, 임영웅 굿즈를 착용하며 가수와의 만남을 그리는 이들은 그 순간 18살 여고생이 되어 가슴 벅차한다. 콘서트 가기 한 달 전부터 예매를 하고 음악을 듣고 콘서트장 가는 준비를 한 이들은 그 뜨겁고 간절한 만남 이후에 더욱 가수의 '찐팬'이 되어간다.

공연 도중에 임영웅은 무대에서 내려와 객석을 한 바퀴 돌면서 노래를 부르며 청중에게 인사했다. 공연장을 가득 메운 청중은 임영웅에게 열광하며 그의 손을 잡아보고 싶어 했다. 이렇듯 콘서트장에서의 임영웅은 자식들과는 또 다른 위로와 행복감을 준다고 해도 과언이 아닐 것이다.

이렇듯 팬들이 자신의 가수를 좋아하는 건 어쩌면 당연한 이야기지만 가수를 사랑하는 팬들을 귀하게 여기는 기획사와 가수가 있을 때 이들의 만남은 더욱 빛이 난다. 특히 콘서트를 하나의 비즈니스로 여기는 가수와 기획사들이 많아지면서 갈수록 높아져가는 티켓 가격에 비해 질 낮은 콘서트를 제공하는 가수들이 많아진다면 이들의 관심 또한 떠나가기 마련이니까 말이다.

실제로 임영웅 콘서트에서 보여준 팬들을 향한 배려는 가족들의 마음까지도 사로잡았다.

> "콘서트장 밖에 대기 공간이 크게 만들어져 있었고, 간이 화장실까지 설치돼 있었다. 페이스 페인팅·투어 기념 스탬프 찍기 등을 즐기며 소녀처럼 웃는 엄마의 모습을 보니 울컥하더라. 팬들을 향한 배려심이 느껴지는 공간이었다. 고마운 마음에 내가 다 임영웅 씨 팬이 될 판이다." (어머니를 모셔다드렸던 아이돌 팬 30대 여)

콘서트는 가수와 팬 모두의 파티장이지만 이를 즐기는 팬을 위한 배려가 얼마나 있는지는 각기 다르다. 결국은 팬들을 위한 작은 배려의 영역이 큰 차이를 만든다.

임영웅 콘서트의 경우 객석 곳곳에는 오래 앉아 있어야 해서 힘들 팬들을 위해 방석이 깔려 있었다. 특히 겨울철 공연 때는 난방 기기를 갖춘 텐트를 설치해 팬들이 추위를 피할 수 있도록 했으며, 공연장 주변에 기념 스탬프를 찍고 엽서를 보낼 수 있는 공간, 휴식 장소인 '히어로 스테이션'을 설치해 기다리는 팬들의 건강을 챙겼다.

어두운 공연장에서 이동할 때는 안전요원들이 일일이 가는 길을 플래시로 밝혀주었고 공연을 마친 후에는 공연장부터 지하철역 곳곳에 도우미를 배치해 길을 안내했다. 특히 중장년층을 배려해 팬들이 쉽게 길을 찾도록 티켓 색상에 맞춘 안내선을 설치하기도 하는 등 팬들을 향한 가수와 기획사의 섬세한 배려가 눈에 띄었다.

콘서트장에서 맛본 이러한 세심한 배려는 이후 수만 명 팬들의 마음을 사로잡고 가수를 향한 열정으로 바뀐다. 가수는 팬들을 생각하고, 팬들은 이러한 가수를 더 사랑하게 된다. 임영웅의 공연에서 느끼는 가수와 팬들의 공감대는 단순한 음악 이벤트를 넘어 팬들에게 잊지 못할 감동을 선사하며, 그의 따뜻한 마음을 알게 되는 기회가 된다.

내 가수를 위해 이쯤이야, 급이 다른 시니어 팬덤 파워

스님도 감동한 영웅이를 위한 기도

임영웅 팬덤은 베이비부머 세대가 많은 비율을 차지하고 있다. 그런 만큼 아이돌과는 다른 50~60대 그들만의 문화가 자리한다. 이들은 임영웅의 음악을 듣고 유튜브를 보는 등 단순히 가수를 좋아하는 것을 넘어 더욱 특별한 마음의 행보를 보인다.

절에 다니는 영웅시대의 몇몇 팬들은 자신의 가수를 위해 임영웅 이름으로 기와를 얹거나 임영웅의 성공과 염원을 담은 글을 등에 적어 절 곳곳에 단다. 성당에 다니거나 교회에 다니는 팬들은 임영웅을 위해 진심 어린 기도를 한다.

단순한 덕질을 넘어 하늘도 울리는 그들만의 정성이랄까. 그 옛날 정화수 떠놓고 하늘에 애절하게 기도한 우리네 어머니들의 마음인 듯하다.

임영웅이 하는 광고라면, 광고 완판 행진

"홈쇼핑 물건을 사면 임영웅 포토카드를 준다고 방송을 하더라고요. '설마 포토카드 받으려고 사겠어?' 했는데 옆에서 보고 계시던 엄마가 포토카드가 갖고 싶다고 사야겠다고 하셨어요."
(영웅시대 A씨의 딸)

2020년부터 현재까지 광고계의 블루칩으로 자리 잡은 가수는 단연 임영웅이다. 실제로 임영웅은 2023년과 2024년 광고모델 브랜드 평판 1위에 오르며 그가 광고모델로 활동하는 품목마다 모든 물건이 매진, 완판 신화를 기록하며 변함없는 광고계 블루칩으로 자리 잡았기 때문이다.

2023년 모델 브랜드 평판 1위에서 15위까지의 순위는 임영웅, 뉴진스, BTS, 아이유, 마동석, 손흥민, 이도현, 아이브, 김호중, 르세라핌, 윤아, 공유, 세븐틴, 블랙핑크, 김태리 순으로 분석됐다.

이 중 임영웅은 패션, 뷰티, 식품에 이어 정수기, 자동차, 임플란트 광고 등 모든 품목에서 실제로 최고의 대우를 받고 있다. 이제까지 임영웅을 광고모델로 발탁한 기업은 매일유업, 한국야쿠르트, TS샴푸, 쌍용차, 청호나이스, 청정원, 웰메이드, 본죽, 광동제약, 뉴트리원, 편강한방연구소, 하나은행, 정관장, 삼다수 등이다.

실제로 임영웅을 광고모델로 쓴 기업들은 눈에 띄는 매출효과를 보고 있다. 세정 웰메이드가 내건 임영웅 CM송 '트롯웰송'의 영상 조회수는 167만 회를 기록했으며 영상 속 임영웅이 입은 '스트라이프 리넨 셔츠'는 영상 노출 후 3주간 판매량이 노출 전보다 510%나 증가했다.

또 임영웅을 모델로 발탁한 청호나이스의 경우 그의 광고가 나오자마자 첫 달 정수기 판매량이 전년 동기 대비 40% 증가했다. 임영웅을 모델로 하는 광고 영상을 지난달 22일부터 TV, 유튜브 등을 통해 공개한 것을 감안하면 빠른 시간 안에 매출이 급증한 것이다.

임영웅을 모델로 내세운 '본죽'의 CF 영상은 2,000만 뷰를 찍으며 인기를 이어갔다. 홈쇼핑에서도 임영웅과 관련한 포토카드를 내세우자 완판 행진을 이어갔으며 임영웅을 모델로 한 리즈케이는 홈쇼핑에서 매진 기록을 세웠다.

이러한 광고계의 '임영웅 효과'에 대해 업계에서는 소비를 주도하는 영웅시대와 같은 중장년층이 임영웅의 주요 팬덤으로 자리 잡고 있기 때문이라는 분석이 나온다. 이것은 자신이 좋아하는 가수가 광고하는 물건을 사는 것은 곧 그 가수가 잘되는 것이라는 믿음에서 나온다. 매출이 올라가면 결국 임영웅의 몸값이 올라가는 것이며, 그가 광고하는 물건은 좋을 것이라는 무조건적인 사랑이 그 이유일 것이다. 실제로 청호나이스 관계자는 "생활가전 업계의 주요 선택층인 중장년 여성에게 임영웅이 폭넓은 인기를 얻고 있는 것이 모델 선정의 결정적 요인"이라고 설명했다.*

스타 광고효과는 이렇게 팬들의 믿음으로 쑥쑥 커진다.

쌍용차 판매에 브로마이드가 준 영향

광고계의 임영웅 효과는 자동차도 예외가 아니었다.

쌍용자동차(현 KG모빌리티)가 2020년 경영 위기를 겪고도 기사회생했는데 그 이유가 임영웅 효과 덕분이라는 설이 있다. 당시 쌍용자동차는 임영웅을 '올 뉴 렉스턴'의 모델로 선정했고 그 효과를 톡톡히 봤다. 쌍용자동차는 임영웅의 모델 발탁 이후 G4 렉스턴 판매량이 전달 같은 기간보다 53% 늘었다고 밝혔으니 말이다.

실제로 쌍용차 판매본부장인 P씨와 인터뷰를 했다.

"한 여성분이 대리점에 들어오시더니 매장에 있는 쌍용차 세 대를 가리키며 "쟤, 쟤, 쟤 주세요" 이러는 겁니다. 놀란 판매원이 뛰어가 자세히 물어보려 하자 "저기 있는 차 세 대 가능한 거죠? 그럼 임영웅 브로마이드 세 개 주시나요?"라고 물었습니다. 제

---

* 투데이코리아, http://www.todaykorea.co.kr

앞에서 펼쳐진 이 믿기지 않는 광경에 대리점에 있는 모든 분이 놀랐죠. 그 고객은 차에 관심이 있는 게 아니라 결국 얻기 힘들다는 임영웅 브로마이드에 관심이 있었으니까요." (쌍용차 판매본부장 P씨)

위로와 공감, 베이비부머 세대를 위로한 그만의 감성과 노랫말

임영웅은 시대를 풍미한 트로트 가수뿐이 아니라, 하나의 사회현상이 됐다고 해도 무방하다. 브랜딩 차원에서 살펴보면, '베이비부머' 세대 여성 시장을 잘 공략한 덕이다. 베이비부머 세대 여성은 기존 가요 시장에서 주류가 아니었다. 이들은 대중음악의 주요 소비자인 MZ세대와 달리 이미자와 나훈아 등 원로 가수의 연말 송년 콘서트나 쎄시봉 콘서트의 소비자로 비중 자체가 상당히 적었다. 분위기가 바뀐 것은 TV조선의 〈미스트롯〉과 〈미스터트롯〉이 이들을 중심으로 한 시장의 가능성을 보여주면서다.

'베이비부머' 세대 여성을 공략한 타기팅의 힘

BTS의 팬클럽이 '아미'라면, 임영웅의 팬클럽은 '영웅시대'다. 50~60대 여성이 핵심 회원이며, 가입자만 20만 명이 넘는다. '배영주(배워서 영웅이 주자)'와 같은 영웅시대 소모임은 스마트폰으로 이른바 '덕질' 방법을 자발적으로 익힌다. 임영웅의 신곡이 음원 차트에 오르도록 하기 위해서다. 임영웅이 선행을 하면, 그만큼의 선행을 따라 한다. 영웅시대가 임영웅의 이름으로 기부하면, 임영웅은 영웅시대의 이름으로 다시 기부하는 식이다. 지난 7월까지 임영웅과 영웅시대가 기부한 성금도 30억 원에 이른다.

이들이 영웅시대에 가입한 이유는 단순하다. 그로부터 받은 위로를 갚기 위해서다. 처한 상황과 지내온 시간은 다르지만, 임영웅의 노래를 들으면서 우울증과 불면증에서 벗어났다. 삶의 이유를 찾지 못할 때, 임영웅에서 이유를 찾기도 한다.

30대인 임영웅이 이들을 치유할 수 있는 이유는 무엇일까.

그는 '바램'라는 노래에서는 어머니를, '어느 60대 노부부 이야기'에서는 부부를, '배신자'에서는 아버지를 이야기했다. 관객들은 스토리에 감동했고 자신들의 어머니를, 남편을, 아버지를 떠올렸다. 뛰어난 가창력에 감동 스토리가 더해졌으니 열광하지 않을 수 없었고 팬들은 폭발적으로 늘어났다. 누구도 알아주지 않았던 자신들의 살아온 이야기, 삶의 의미를 알아주고 이야기해준다는 것. 이것은 이들을 가슴 뭉클하게 했다.

임영웅이 부른 곡 중 가장 대중적인 인기를 받은 것은 유튜브 조회수 5,500만 회를 넘긴 '어느 60대 노부부 이야기'다. 이 곡은 블루스 가수인 김목경이 작곡했고, 그가 1990년에 불렀다. 이후 가수 김광석이 이 곡을 다시 부르며 인기를 얻었다. 김광석을 좋아했던 4050세대 사이에서도 유명한 곡이었다. 임영웅은 이 곡을 단숨에 베이비부머 세대 여성의 인생 노래로 만들었다.

베이비부머 세대 여성들은 산업화를 이끈 남편을 내조하며 살아온 '마처세대'다. 부모를 부양하는 마지막 세대이지만, 자녀의 부양을 받지 못하는 첫 세대라는 뜻이다. 젊은 시절에는 가부장적인 남편의 권위에 시달렸고, 현재는 어린 손자를 돌보는 황혼육아의 희생자이기도 하다. 이들의 마음을 위로한 노래가 바로 '어느 60대 노부부 이야기'다.

    노사연이 부르고 임영웅이 리메이크한 '바램'도 이들에게 위로를 준다. 이유는 같다. 임영웅은 이런 곡들로 베이비부머 세대를 위로했고, 기특한 아들, 효심 깊은 손자가 됐다. 은퇴 후 경제적으로 여유 있는 베이비부머 세대는 임영웅에 기꺼이 지갑을 연다. 덕질에도 참여한다. MZ세대와 알파세대가 주도한 케이팝 시장에 '베이비부머 세대 여성'이 새로운 거대 시장이 된 것이다.

좋아하는 것으로 연결된 사람들, 영웅시대

    영웅시대 분들과 이야기를 나누다 보면 많은 분들 사이에 묘한 공통점이 있다. 바로 어떤 가수를 좋아한 경험이 평생 처음이라는 점이다.
    평소 트로트를 좋아한 적도, 어떤 가수에 열광한 적도, 연예 프로그램을 잘 보지도 않는 분들이 우연히 임영웅의 노래를 듣고 난 후 위안을 받고 그 뒤로 하나둘 임영웅의 팬이 되었다는 것이다. (흔히 어린 시절 가수를 좋아한 경험이 있었던 이들이 나이가 들어 또 다른 가수를 좋아한다는 가설과는 전혀 다른 맥락이다.)
    임영웅의 감성에, 그가 노래에 담아 부르는 진정성에 마음이 열렸고 나도 모르는 사이에 위로를 받는다 이야기하는 이들. 그래서 이들은 자연스레 임영웅을 응원하고 그의 노래를 더 깊이 듣기 위해 팬덤 '영웅시대'를 찾게 된다.

한 가수의 팬덤이 되는 것은 그저 혼자 가수를 좋아하는 것과 다르다. 혼자 가수를 좋아할 때는 혼자 음악을 듣고 그의 영상을 보며 좋아하는 것에 그치지만 팬덤이 된다는 것은 가수를 좋아하는 사람들과 하나로 연결된다는 의미다. 그 가수의 이야기를 하고, 함께 정보를 교류한다는 하나의 공통점만으로 이들은 행복을 느낀다.

사는 곳도, 나이대도 다른 이들이지만 가수 임영웅을 통해 서로의 언니, 동생이 되는 황홀한 경험을 하는 사람들! 나이가 20대에서 70대까지 그 간극은 엄청나지만 영웅시대 안에서는 그저 '영웅이를 좋아하는 사람들'로 만나 하나의 가족이 된다. 이토록 순수한 관계가 있을까.

이들은 진정 임영웅으로, 그의 노래로 연결된 사람들이다.

스스로 돕고 스스로 배운다, 봇짐 선생님과 배영주 교실

영웅시대에는 디지털에 약한 시니어 분들이라도 같이 참여할 수 있도록 열린 배움터가 있다. 이름하여 '배영주 교실'!

'배워서 영웅이 주자'의 약자인 배영주 교실은 디지털에 약한 팬들을 위해 마련된 오프라인 지역방이다. 즉 임영웅을 사랑하는 팬들이라면 누구나 디지털을 손쉽게 배울 수 있도록 마련된 무료교실이다. 지역방이기도 한 이 교실은 임영웅 팬들이 '덕질에 필요한 사용법' 등을 열심히 공유하며 알려준다.

실제로 이들은 임영웅이 좋을 뿐인데, 팬이 되는 길은 너무나 멀고 험난하다고 토로한다. 임영웅을 응원만 하려 해도 배워야 할 건 뭐 이리 많은지 블로그 가입도 해야지, 앱으로 콘서트 티켓도 끊어야지, 스트리밍도 해야지, 최신 소식을 들으려면 페이스북, 인스타그램 같은 SNS까지 해야 한다니 머리가 지끈지끈. 마음은 급한데 손가락은 느리고, 배워야 할 건 산더미인데 물어볼 사람은 없고 참다 참다 자식들에게 물어보면 몇 분 알려주는 것도 잠시, 다음에 알려준다는 아이들. 이럴 때 배영주 교실은 이 모든 것을 가능하게 하는 마법의 장소다.

각 지역방의 오프라인 모임인 '배영주' 교실은 온라인을 위한 디지털 교육도 하고 지역 속의 회원들과 교류하는 중요한 장소다. 하지만 이 또한 각 지역당 한두 개밖에 되지 않아 집과 거리가 먼 분들은 올 수가 없는 상황이다. 그때 등장한 마법사가 있었으니 바로 영웅시대의 해결사 봇짐 선생님!

봇짐 선생님은 덕질에 필요한 디지털 사용법을 누구보다 쉽게 알려주는 개인과외 선생님으로 누구든지 부르면 봇짐 메고 어디든 달려간다 해서 지어진 별명이다. 개인과외 선생님인 봇짐 선생님은 철저히 무료 봉사로 이루어지며 원하는 분들의 집으로 달려와 임영웅을 응원하기 위한 모든 디지털 사용법을 친절하고 상세하게 알려준다.

이들의 목적은 철저히 임영웅 팬들이 함께 팬활동을 하는 것을 돕는 데 있고 가수가 활동하지 않는 시기에도 팬활동을 통해 탈덕을 막기 위한 데 있다. 돈 한 푼 받지 않고 그저 서로의 즐거운 팬활동을 위해 움직이는 사람들….

팬의 위대함은 여기에 있다.

이렇게 즐거웠던 적이 있던가, 내 삶의 주인은 곧 나

영웅시대 팬들에게 임영웅을 좋아해서 좋은 점이 무엇이냐고 물으면 한결같이 이렇게 대답한다. 바로 '인생이 즐. 겁. 다'.

오랜 세월 자식을 위해, 남편을 위해, 누군가를 위해 살아왔던 이들에겐 이렇게 온전히 자기가 좋아하는 것을 위해 시간을 써본 경험이 많지 않다. 요즘 애들은 가장 중요한 것이 '나'라고 하지만 이들은 늘 내가 아닌 '다른 이'를 위해 살아왔기 때문이다. 먹고사느라 젊었을 때는 그 좋다는 해외여행도 못 가본 분들이 많았고 자기를 위해 치장하거나 돈을 쓰는 데는 인색했던 분들이다. 신기한 것은 팬클럽 활동을 평생 단 한 번도 해본 적 없는 이들이 왜 이제야 이렇게 빠졌는가 하는 것이다.

아이디 '늘 푸른 소나무'는 80대 멋쟁이 팬이다.

아들딸 모두 출가시키고 혼자 사시는 이분은 임영웅을 좋아하고 난 뒤 세상의 가치가 바뀌었다고 한다. 먹는 것을 봐도, 친구들을 봐도 재미있는 것이 없었는데 요즘은 곱게 차려입고 임영웅 팬카페도 다니고 배영주 교실도 다니는 열혈 팬이 되었다. 그 덕에 누구보다 트렌디한 소식을 듣고 디지털에 능한 얼리어답터로 새 인생을 사신다. 얼마 전에는 가끔 오는 자식들 눈치가 보이긴 했지만 집 한편을 임영웅 브로마이드와 굿즈로 장식했다며 수줍게 웃으신다.

어느 날은 의사 사위가 장모님께 드린다고 귀한 임영웅 가방을 사왔다고 한다. 병원 환자분이 멘 임영웅 가방을 보고는 냉큼 장모님 생각에 어디서 샀는지 물어 구입했다는 사위. 그녀는 요즘 사위부터 손자, 딸 등 많은 가족들이 임영웅 굿즈를 선물하는 통에 너무나 즐겁다. 인생 처음으로 가수를 좋아하게 되었다며 임영웅 이야기로 시간 가는 줄 모르시는 이분의 인생에 임영웅은 그 자체로 힐링이고 즐거움이다.

아이디 '미운 오리'는 초등학교 아이를 둔 40대 여성이다.
늘 회사 집 회사 집을 오가며 아이들 뒤치다꺼리하랴 일하랴 정신이 없었던 그녀가 임영웅을 알고 난 후 그녀의 삶에 임영웅은 유일한 휴식이 되었다. 출근 전 그녀는 임영웅의 음악을 듣고 하루를 시작한다. 영웅시대와 함께하는 그녀는 회사에서 열심히 일하고 쉬는 틈을 이용해 유튜브를 찾고 오늘의 기사를 찾는다. 퇴근 후 스트리밍과 댓글 남기기까지 하루 24시간이 너무나 바쁘다는 그녀는 오히려 예전보다 더 열심히 살게 되었다 고백한다. 아이와 남편, 회사까지 온통 누군가를 위해 일하던 일상에서 자신을 위해 살게 되었다는 그녀. 그녀는 오늘도 임영웅의 음악을 듣고 영웅시대의 즐거운 댓글을 보며 배시시 미소 짓는 자신을 본다.

아이디 '실버지'는 그 누구보다 열정적인 50대 파워우먼이다.
대학교수이자 학원 원장인 그녀는 너무나 바쁜 일정 때문에 평소 사람들과 최소한의 이야기만을 나누는 성격이었다. 하지만 임영웅을 알고 난 뒤, 영웅시대 활동을 하며 그녀는 누구보다 많이 웃는 사람이 되었다. 임영웅 전도사가 되었고 그의 앨범을 사람들과 나누는 통 큰 누나가 되었으며 바쁜 와중에도 시간을 내어 영웅시대와 함께 전국 방방곡곡 콘서트를 다니는 열정 팬이 되었다.
화장실 가는 시간에 임영웅의 노래를 놓칠까 콘서트 당일은 쫄쫄 굶는다는 그녀. 임영웅의 노래를 들으며 누구보다 행복해하는 그녀는 임영웅의 기부활동에 동참하는 것은 물론 임영웅이 광고하는 정수기와 공기청정기, 비데를 15대나 판 능력자이기도 하다.

일만 하며 숨도 못 쉬듯 빡빡한 삶을 살았던 그녀에게 임영웅은 어떤 의미였을까. 임영웅을 알고 난 후 사람에 대한 믿음이, 삶에 대한 여유가 생겼다는 그녀에게 임영웅은 어느새 휴식이자 웃음이 되었다.

노래가 숨이 되고 삶이 되는 사람들

영웅시대는 참 많은 사람이 전혀 다른 공간에서, 다른 사연으로 함께한다.

가수를 함께 좋아한다는 것만으로 온라인에서 많은 사람이 이야기를 나누며, 각 지역방에서는 오프라인으로 만나 전혀 모르던 사람들이 친구가 되고 가족이 된다. 연령대도 다르고 살아온 환경도 다른 이들이지만 일주일에 한두 번 지역방을 중심으로 한 오프라인 모임은 많은 회원들의 이야기를 알게 되는 창구다. 회원들은 자신의 이야기뿐만 아니라 다른 이들의 이야기를 나누게 된다. 그러다 보니 그 사연도 백만 가지. 슬픈 일, 기쁜 일, 감동받는 일, 그 이야기만도 한 가득이다.

- 자식이 교통사고로 다리를 잃은 후 우울증 약을 먹었는데 그의 노래에 힘을 얻고 영웅시대에 나온 후 우울증 약을 끊었다는 사연
- 어린 시절 소아마비 때문에 평소 귀가 좋지 않아 잘 듣지를 못했는데 희한하게 임영웅의 노래는 들린다며 기뻐하는 한 회원의 사연
- 우도에 사는 50대 후반 엄마와 30대 딸이 제주 지역방을 함께

다니며 더 돈독해졌다는 사연
- 코로나 이후 점점 기울어가는 가게 형편에 속상했었는데 임영웅의 노래를 듣고 다시 힘낸다는 사장님 사연
- 제주 모슬포에서 학교 졸업 후 그렇게 찾았던 몇십 년 지기 친구를 영웅시대 지역방을 통해 만나게 되었다는 반가운 사연
- 지적장애인인 아들이 임영웅 노래만 듣는 바람에 온 가족이 함께 콘서트를 다니며 행복해졌다는 사연
- 건강을 갑자기 잃어 병원에 입원하고 세상사 다 싫었는데 영웅시대를 통해 삶의 희망을 얻었다는 사연
- 45년간 수면제를 먹지 않으면 잠이 들지 않았는데 임영웅의 노래를 듣고 나서 거짓말처럼 수면제를 끊고 잠을 잘 수 있었다는 사연

회원들은 이런 다양한 소식을 듣고 웃고 웃으며 영웅시대를 만들어간다. 임영웅을 통해, 그의 노래를 통해 영웅시대를 알았지만 영웅시대를 통해 또 하나의 세상을 열어가는 사람들.
어쩌면 이들의 기적은 함께여서 만들어지는 것이 아닐까.

영웅시대의 3대 덕후활동

혼자 가수를 좋아하는 것이 아닌 영웅시대의 일원, 즉 팬덤이 되면 몸과 마음이 엄청 바빠진다. 영웅이를 좋아하는 것을 넘어 그를 위해 무언가를 하고 싶은 팬들은 그를 위해 하루를 산다고 해도 과언이 아닐 정

도로 열심히 덕질을 한다.

그렇다면 영웅시대 덕질의 기초는 무엇일까? 영웅시대의 3대 덕후활동을 꼽아보자.

첫째, 덕질의 기본은 뭐니뭐니 해도 공식카페(공카) 활동이다. 매일 아침 공카 공지란을 확인하고 올라온 게시물에 댓글을 단다. 임영웅에 관한 기사를 체크하고 그간의 새로운 소식을 업데이트하고 회원들 간에 소통을 한다.

둘째, 스트리밍 활동이다. 영웅시대에 나타난 권장 스밍(스트리밍) 리스트를 확인하고 임영웅의 노래와 영상을 스트리밍한다. 이때 여유가 된다면 하나가 아니라 열 개의 음원사이트(멜론, 지니뮤직, 벅스, 플로, 카카오뮤직, 네이버 바이브, 애플 뮤직, 스포티파이, 유튜브 뮤직, 아마존 뮤직)를 모두 스트리밍하며, 가능한 한 정해진 시간에 맞춰 함께 한다. 얼마나 많은 사람이 스트리밍 하는가에 따라 내 가수의 순위가 결정되기 때문이다.

셋째, 투표 활동이다. 내 가수에게 중요한 시상식이 있을 경우 팬들은 임영웅에게 투표한다. 많은 시상식이 있는 관계로 영웅시대에 공지된 시상식 위주로 투표하게 되며 자신의 투표 장면을 캡처한 뒤 공식카페에 인증샷을 올린다. 메가급 시상식이나 중요한 투표를 할 때면 밤새는 분들이 정말 많다. 영웅시대 공카에는 팬들의 인증 댓글이나 투표에 대한 열정 가득한 글이 곳곳에서 보인다.

999열차를 잡아라!

영웅시대 팬들을 인터뷰하다 보면 어디서도 듣지 못했던 용어가 팬분들에게서 툭 튀어나온다.

한 팬분이 오늘 999 열차를 못 탔다며 속상해하시는 걸 보고 난 물었다.

"999 열차가 뭔가요? 어디서 타는 건지…."

나의 이 말에 팬들은 잠시 웃고는 이렇게 이야기한다.

"그건 진짜 열차가 아니고 우리 영웅이가 공식카페에 직접 올린 글에 댓글을 다는 거예요."

사실인즉슨 간혹 임영웅이 영웅시대에 들어와 직접 글을 쓰는데 그 글에 팬들이 댓글을 다는 숫자 마감이 '9,999'개까지라는 거였다. 말 그대로 팬들의 폭발적인 댓글에 어쩔 수 없이 마감을 달아 9,999개만 받는다는 거였다. 9,999개라니. 나는 그 어마어마한 숫자에 놀라고, 그 안에 들지 못해 잘렸다고 속상해하는 팬들이 있다는 것에도 놀랐다.

999열차! 추억의 〈은하철도 999〉는 아니지만 팬들의 마음속엔 임영웅을 향한 영원한 은하철도 999가 달리고 있나 보다.

영웅시대의 3대 문화: 웅민수 템, 웅지순례, 지역방 문화

임영웅의 팬들에게는 그들만의 문화가 있다. 함께 모여 콘서트를 보고 임영웅과 관련된 '웅지순례'를 다니고 지역방에서 꾸준히 오프라인 모임을 갖는 등 다채로운 그들만의 문화가 있다. 이러한 현상은 물론 BTS, 엑소, 블랙핑크와 같은 아이돌 팬덤에게도 나타난다. 하지만 이들에게는 아이돌 팬덤에는 없는 안정된 경제력과 꾸준함이 있다. 온라인과는 다른 그들만의 오프라인 문화는 무엇일까?

첫째, 웅민수 템 문화

영웅시대의 팬들은 임영웅의 콘서트라면 전국 방방곡곡 어디든 간다. 행사를 뛰지 않는 것이 원칙인 가수 임영웅이다 보니 그를 직접 볼 기회가 콘서트밖에 없기 때문이다.

이렇게 콘서트를 찾는 큰 나들이일 경우 가수도 준비가 많겠지만

영웅시대의 심볼 굿즈

영웅시대의 덕후 예절샷

영웅시대 팬들도 준비할 것들이 상당히 많다. 아이돌 팬들이 각자 개인적으로 콘서트를 찾는 것이 하나의 문화라면 영웅시대의 팬들은 대부분 차를 대절해 함께 콘서트를 간다. 어른들이 많은 특성 때문이지만 각 지역별 팬들이 많은 관계로 함께 움직이고 함께 응원하는 것이 하나의 문화로 자리 잡았다.

재밌는 것은 콘서트를 찾을 때는 많은 영웅시대 팬들이 영웅시대의 굿즈와 임영웅 아이템을 착용하고 만난다는 것이다. 이름하여 '웅민수 템'! 옷, 신발, 액세서리, 선글라스 등 임영웅 공식 굿즈를 착용하고, 임영웅의 패션들을 그대로 따라 하며 의상을 착용하고 가방을 메는 등 나름의 의식과 패션 아이템을 장착하기도 한다.

둘째, 웅지순례 문화

임영웅과 밀접한 장소를 팬들이 함께 투어하는 문화다. BTS와 같은 아이돌 팬덤에 생일카페 문화가 있다면 영웅시대는 '웅지순례' 문화가 있다. 임영웅 생일에 팬들이 생일카페를 열고 일회성 이벤트를 하기

팬들이 꾸민 임영웅의 생일카페

도 하지만 아이돌 팬덤과는 달리 식당, 빵가게, 세차장, 미용실 등등 곳곳에 능력 있는 사장님들이 즐비하시니 아예 상시로 가게 한편에 영웅 쇼룸을 만들어놓는 분들이 많다. 최신 사진, 굿즈, 브로마이드 등을 가게 한편에 붙여놓고 쇼룸을 만드니 지역에 계신 분들이 종종 이걸 보러 오기도 하신다.

또한 임영웅이 좋아하는 음식점, 고향, 알바했던 식당들같이 그의 추억이 묻어 있는 곳을 팬들이 직접 가보기도 한다. 임영웅 성지순례, 이름하여 웅지순례 문화. 유명한 장소 중 하나인 '코리아 식당' 등에 팬들이 종종 함께 방문하며 그의 이야기로 꽃을 피운다.

영웅시대 팬들은 웅지순례를 통해 서로의 유대감을 다지고, 임영웅에 대한 애정을 공유하는 기회로 삼는다. 이런 장소에서 팬들은 다른 팬들과 이야기를 나누고, 임영웅과의 추억을 함께 쌓는다. 또한 임영웅이 방문한 장소나 협찬한 가게들은 팬들 덕분에 경제적 효과를 누리기도 한다. 지역 상권에 큰 도움을 주기 때문에 주인들은 임영웅의 팬들을 위해 친절하게 맞이하고, 팬들이 방문할 수 있는 포토존을 설치하거나, 임영웅과 관련된 상품을 판매하기도 한다.

특히 임영웅의 고향인 포천은 팬들에게 중요한 성지다. 그는 방송이나 유튜브 등에서 고향에 대한 애정을 자주 드러냈기 때문에 그를 가까이서 느끼고 싶은 팬들에게 포천은 중요한 방문지가 되었다. 또한 임영웅이 출연했던 예능 프로그램의 촬영 장소, 공연이나 팬미팅 장소, CF 촬영 장소 등이 성지순례 장소로 꼽힌다. 특히 서울 고척스카이돔이나 부산 벡스코 등 대규모 콘서트 장소는 팬들 사이에서 빼놓을 수 없는 웅지순례 장소다.

셋째, 지역방 문화

영웅시대는 서울과 더불어 각 지역에 팬들이 많다. 그러다 보니 공식 홈페이지를 넘어 지역별로 온라인 카페가 활성화되어 있다. 그와 함께 오프라인 지역방 문화가 자연스레 조성된다. 각 지역팬들은 지역방을 중심으로 자신들의 이야기를 나누면서 온·오프라인의 모임을 하게 된다. 영웅시대의 공식카페가 임영웅 활동을 공식적으로 지원한다면 지역방은 각 지역 사람들이 실제 얼굴을 보고 지역의 이야기를 나누는 풀뿌리 문화인 셈이다.

시흥방, 천안방, 경기방, 성남방, 진주방, 제주방 등 각 지역의 지역방들은 온라인과 오프라인을 중심으로 모이고 그 속에서 작은 모임이나 투표 독려, 스트리밍 등과 같은 활동과 기부활동 등을 하게 된다. 지역방은 각 지역장을 중심으로 가까운 지역 주민끼리 서로의 관심사를 나누고 덕질에 필요한 디지털 수업을 진행한다. 이렇게 켜켜이 쌓아둔 서로의 정은 지역방이라는 하나의 문화 속에 견고해져 간다.

소비를 넘어 세상을 보다: 팬덤 기부운동

영웅시대의 팬들은 가수 임영웅에게 선물 세례를 거의 하지 않는다. 보통 가수들이 팬들에게 받는 선물이 어마어마한 것을 감안하면 이상한 일이다. 그 이유를 팬들은 가수 임영웅이 팬들에게 선물받는 것을 금기시하기 때문이라 한다. 방송 초기에는 알음알음 이루어졌으나 이제는 공식적으로 임영웅 개인에게 혹은 소속사를 통해 선물 보내는 것이

금기시되었다고 하니 팬들 입장에서는 다소 답답하기도 할 것 같다. 하지만 팬들의 부담을 아예 차단하겠다는 것이 가수의 입장인 탓에 팬들은 그러한 가수의 마음을 존중하는 태도를 보인다.

이러한 가수의 배려에 영웅시대는 다른 대안을 마련했다. 개인적으로 가수에게 선물을 보내는 돈을 모아 모아 가수의 생일이나 특별한 날에 그의 이름으로 기부하는 걸로 선물을 대신한다. '그에 대한 마음을 담아 그의 이름으로 기부한다면 그가 더욱 빛나지 않겠는가' 하는 것이 팬들의 따뜻한 마음이었다. 이러한 팬들의 기부는 가수의 기부와 함께 영웅시대의 좋은 관행으로 자리 잡았다.

기부문화는 크게 현금과 현물, 봉사활동으로 나뉜다.

현금 기부의 경우 크게 두 가지로, 사회적으로 어려운 재난이 있을 때의 기부와 임영웅 생일 기념 기부를 들 수 있으며, 공식 팬카페를 통해 자발적인 모금활동을 진행한다.

그 예로 2023년 여름 집중호우 피해로 큰 어려움을 겪는 이들을 위해 임영웅은 영웅시대(팬덤) 이름으로 2억 원을 기부했다. 그러자 임영웅의 팬덤 영웅시대는 가수의 나눔에 동참하고자 7월 17일부터 20일까지 공식 팬카페에서 자발적인 모금활동을 진행했다. 팬들은 그 돈을 임영웅 이름으로 기부했으며 그 기부금은 피해지역을 복구하고 구호물품을 제공하는 데 쓰였다. 또한 영웅시대는 임영웅의 생일을 기념해 매년 기부하는 문화를 선보인다. 이제까지 펼쳐온 영웅시대의 기부문화는 다음과 같다.

임영웅의 기부활동

2020년 3월 코로나 극복 성금으로 1억 4,500만 원 기부
2020년 6월 소외계층 아동 위해 1억 원 기부
2020년 8월 수재민 돕기 성금으로 8억 9,000만 원 기부
2021년 6월 생일 기념으로 2억 8,500만 원 기부
2021년 12월 취약계층 성금으로 4,100만 원 기부
2022년 3월 경북 강원 산불 피해 복구 성금으로 1억 원 기부, 영웅시대 2억 6,000만 원 기부
2022년 6월 생일 기념으로 2억 원 기부
2022년 12월 사랑의 열매에 2억 원 기부, 뇌성마비 축구팀 축구화 기증
2023년 6월 생일 기념 임영웅과 영웅시대가 2억 원 기부
2023년 7월 집중호우 피해 성금 임영웅과 소속사가 2억 원, 영웅시대가 4억 2,000만 원을 모금하여 기부
2023년 6월 생일 기념으로 1억 5,000만 원 기부
2024년 5월 어버이날을 맞아 사랑의 열매 2억 원 기부
2024년 영웅시대가 콘서트 기념 쌀 4톤, 라면 등 물품을 해당 지역에 기부
2024년 생일 기념으로 임영웅과 소속사가 취약계층에게 3억 원 기부

    이 외에도 크고 작은 기부들이 끊이지 않고 있다.
    또한 현금 이외에 봉사활동이나 현물을 통해 기부하는 형태를 볼 수 있다. 영웅시대 회원들은 도시락 봉사, 독거노인 정기 봉사, 쪽방촌, 용산 박스촌, 서울 아동복지협회 등에서 지역사회와 협력하여 봉사활동을 진행하며, 중증 어린이 환자와 청소년을 위한 후원도 꾸준히 이어가고 있다. 또한 1년 전부터는 각 지역별로 장애인 축구단이나 각 지역 FC 선수들에게 운동화나 물건을 선물하며 임영웅의 축구 사랑을 함께 실

천하고 있다.

대표적인 팬클럽 내 봉사 모임인 '라온'과 같은 매달 급식 봉사 등을 진행하는 지역 모임들이 꾸준히 늘고 있다. 지역을 중심으로 팬들은 급식 봉사, 청소 봉사 등과 같이 어려운 가정들을 찾아다니며 기부하는 형태로 중증 장애아동들이 거주하는 시설에서 삼계죽, 샐러드, 과일 등 100인분 이상의 식사를 직접 만들어 제공하는 등 매달 급식비나 물품을 제공하여 나눔을 실천한다.

나는 취재하며, 또 팬들과 이야기를 나누며 팬덤활동을 통한 가수에 대한 관심과 애정이 각 지역의 기부문화로 자리 잡아 가는 모습이 못내 즐거웠다. 이러한 기부문화는 팬들이 가장 자랑스러워하는 영웅시대의 문화이기도 하다.

그들의 진심을 얻어라: 연인의 마음, 엄마의 마음

팬의 마음은 참 복잡하다. 임영웅을 향한 팬의 마음은 한없는 어머니의 마음 같기도 가슴 떨리는 첫사랑을 보는 연인의 마음 같기도 하다. 실제로 영웅시대 팬들에게 "본인 마음은 어떤 감정인 것 같으세요?"라고 물으면 "임영웅을 보면 연인 같이 떨려" "마치 내 자식 같아. 그래서 다 주고 싶어" "임영웅을 보면 먼저 간 우리 신랑도 생각나고, 내 이쁜 동생도 생각나는 게 저절로 웃음이 난다니까" 등 많고 많은 답변이 등장한다.

영웅시대 대부분은 여성이다. 그리고 대부분 아이를 키워본 중장년 여성 팬들이다. 그래서 이들은 스타를 엄마의 마음으로 아끼고 사랑한다. 모성애는 가장 숭고하고 이타적인 감정으로 자신의 모든 것을 내어주는 헌신과 지지로 표출된다. 내가 좀 고생스럽더라도 열심히 뒷바라지해서 그를 정상의 자리에 올려놓고 싶다는 마음, 그래서 그때까지 열심히 임영웅 바라기를 하겠다는 한국적 여성의 열망이 그를 응원하고 지지한다.

이런 팬들을 위해 임영웅은 팬들을 직접 챙기며 감동적인 순간을 자주 연출한다. 예를 들어, 콘서트에서도 고령 팬이 임영웅에게 "100세에도 만나자"라고 말하자 이를 기억하며 진심 어린 반응을 보여 큰 감동을 준 바 있다. 이러한 소통은 특히 연령대가 높은 팬들에게 더 큰 울림을 주며 따스한 감성과 진정성으로 전해진다.

브랜드를 책임지는 회사의 이미지가 중요하다: 임영웅의 소속사 물고기뮤직

임영웅 소속사 물고기뮤직은 임영웅을 발굴했고 또 지금까지도 함께한 기획사다. 신정훈 대표는 임영웅의 가능성을 처음부터 신뢰하며 그의 성장을 지원해왔다. 그는 임영웅의 첫인상에 대해 "노래를 잘한다. 잘생겼다기보다는 건실하다는 느낌이 컸다. 열심히 아르바이트하면서 어머님과 둘이 산다는 이야기를 밝게 해서 첫날 마음이 움직였다"라고 말했다. 이렇듯 신정훈 대표와 가수 임영웅의 의리는 특별하며 이로 인해 임영웅은 재계약에서도 고민 없이 물고기뮤직을 선택했다.

그런 그를 알아본 덕일까. 물고기뮤직은 현재 가장 잘나가는 탄탄한 기획사로서 자리매김했다. 소속가수는 임영웅 한 명이지만 엄청난 인기 스타인 만큼 방송, CF, 콘서트, 다양한 굿즈까지 국내외 활동의 모든 것을 섭렵하며 이미지와 그의 모든 움직임을 기획하고 지원한다.

기획사인 물고기뮤직은 가수 임영웅의 콘서트 소식이나 방송, 광고, 음원 관련 등 주요한 소식을 홈페이지나 공식카페를 통해 알린다. 팬들은 공식카페의 공지를 통해 의견을 나누거나 정보를 교류한다.

물고기뮤직은 가능한 한 공식카페에서 기획사의 의견 표출을 자제함으로써 팬들의 의견을 그 자체로 존중하고자 한다. 기획사의 간섭이 들어가는 순간 팬들의 의견이 한쪽으로 쏠리거나 자생적인 의견 교류가 힘들다는 판단에서다. 이러한 기획사의 방침은 팬들이 보다 자유롭게 놀 수 있는 환경을 마련했다는 점에서 긍정적이라 할 수 있다.

물고기뮤직의 차별점은 임영웅의 팬덤, 영웅시대와의 협력에서도 드러난다. 일반적으로 대형 기획사들이 상업화된 팬 서비스를 제공하는 데 반해, 물고기뮤직은 맞춤형 서비스를 통해 팬들과의 긴밀한 유대감을 유지하려는 노력을 기울이는 편이다. 한 예로 팬들의 요청을 그냥 흘려버리는 것이 아니라 그에 기반한 공연 기획과 높은 퀄리티의 공연 경험을 제공한다는 점이 그것이다.

또한 임영웅의 이미지 관리와 브랜드 가치에 중점을 두면서 팬들과의 관계를 강화하고 있으며 이를 통해 임영웅뿐만 아니라 소속사 자체의 명성도 꾸준히 상승하고 있다.

콘서트장에서 보여준 팬들을 향한 섬세한 배려와 기획은 물고기뮤직의 성격을 잘 나타낸다. 실제로 임영웅의 기획사는 진행요원들을 철저히 교육하기로 유명하다. 임영웅의 공연은 나이 든 팬들이 많이 찾는다. 소속사는 고령 팬들의 이동과 편의를 위해 공연장 내의 계단 접근성을 높이고, 휠체어 사용자를 배려한 특별 좌석을 마련하며, 교통 안내를 세심하게 제공하는 등 관람 환경에 세심한 신경을 써왔다. 또한 나이 많은 팬들이 아날로그적인 경험을 선호할 것을 고려하여, 공연장 내 특별한 포토존을 설치하거나 기념품을 제공해 즐거운 추억을 남길 수 있도록 배려했음이 느껴진다.

이처럼 소속사 물고기뮤직은 세심한 노력을 통해 임영웅의 팬층인 영웅시대와 끈끈한 유대를 유지하며, 단순한 관객이 아닌 가족 같은 관계를 만들어가고 있다.

에필로그
21세기, 음악이 변한다, 팬덤이 변한다

팬들은 과거에도, 현재에도 존재한다. 그러나 팬들의 문화는 과거와는 확연히 다르다. 그 이유는 과연 무엇일까?

첫째, 디지털 기술의 발전으로 변화한 팬 문화다. 디지털 기술의 발전은 문화 소비자들이 적극적인 수용자를 넘어 문화 산물의 생산자가 될 수 있는 새로운 환경을 만들었다. 이들은 커뮤니티 공간인 위버스나 카페 등을 이용해 쌍방향 의사소통을 즐기며 SNS를 통해 자신의 관심과 역량을 가감 없이 나타낸다.

특히 디지털 기술은 영상을 생산할 수 있는 기기의 가격을 파격적으로 낮췄고 그 대표적인 매체인 스마트폰을 통해 개인이 쉽게 영상 생산자가 되게 했다. 또한 영상 가공에 필요한 소프트웨어들에 대한 접근도 비교적 쉬워졌다. 그 결과 케이팝과 관련된 각종 인터넷 공간, 즉 유튜브, 인스타그램, 트위터 등에 팬픽션, 팬아트, 팬비디오 같은 팬들의 다양한 창작물이 가득해졌다. 인터넷과 SNS의 발전 덕분에 디지털 기기를 지닌 팬들은 시간과 공간을 극복한 커뮤니티를 이룰 수 있게 되었다. 한마디로 스타에 대한 팬심뿐 아니라 영상과 텍스트를 생산·소비·유통하는 디지털 기술을 갖춘 팬덤은 동시대 문화 현상을 변혁할 가장 강력한 힘을 갖게 되었다.

둘째, 트랜스미디어 전략이다. 과거에는 대부분의 생산전략이 하나의 방송이나 음악 콘텐츠를 잘 만드는 방식, 즉 개별 작품을 잘 만들어 인기를 끄는 것이 대다수의 인기 비결이었다. 그러나 디지털 기술의 발전 이후 문화산업의 창작 방식은 철저하게 변화한다. 하나의 작품에 집중하는 방식에서 벗어나 여러 작품들이 상호 연관된 크로스미디어나 트랜스미디어 전략을 취하는 방향으로 발전하게 된 것이다.

하나의 방송, 하나의 음악과 같이 하나의 콘텐츠를 성공시키면 그 명성에 힘입어 파생하는 방식을 취하게 되었다. 새로운 콘텐츠의 성공 가능성을 높이고 방송-유튜브-SNS로 연결되는 다양한 콘텐츠의 고리를 최대한 활용해 특정 콘텐츠에 대한 충성심을 높이고자 한다. 디지털 문화 속에서 적극적으로 변한 팬들의 호기심을 자극해서 SNS로 연결되어 협업하는 이들을 자신들의 소비자로 만들려는 미디어 생산자들의 전략이 되었다. 결국 하나의 프로그램이 뜨면 이후에 그 출연자, 그 포맷들이 계속 가지처럼 뻗어가는 스핀오프와 같은 연결성 프로그램들은 계속 양산될 수밖에 없는 구조가 되었다.

셋째, 과거의 팬 문화와 현재의 팬 문화가 다른 가장 이유로, 21세기 이후 공간과 시간에 대한 인식이 자유롭다는 것이다. 팬들은 이제 가상공간에 대한 사고를 통해 공간과 시간을 초월하고 영토의 경계를 넘나든다. 전 지구가 하나의 음악시장이 되면서 이제는 국내 팬보다 더 많은 수의 해외 팬들이 수시로 위버스나 다양한 팬카페를 통해 서로의 정보를 교환한다. 유튜브나 틱톡, 트위터와 같은 인터넷을 통한 팬카페 활동은 가상공간을 넘어 현실공간에서의 행동으로 연결되며 팬들의 정보 교류에 지대한 역할을 한다.

이들은 인터넷 공간을 매개로 각자의 선호에 따라 다양한 문화 커뮤니티를 만든다. 정보를 직접 생산하고 소비하는 이들은 온라인 커뮤니티에서 '게시판'과 '댓글'을 통해 자신의 의사를 공론화하고 강력한 여론층을 형성한다. 이러한 커뮤니티는 이용자와의 관계 맺기를 가능케 할 뿐 아니라 글쓰기에서 행동으로 이어지는 소통의 변화를 야기한다. 아미와 같은 팬덤이 움직이는 가장 큰 축인 이들의 소통은 거리응원부터 대통령 선거 유세에 이르기까지 커뮤니티와 SNS의 파급력을 느끼게 하는 연결통로가 된다.

참고문헌

김영대, 《지금 여기의 아이돌-아티스트》, 문학동네, 2021.

신윤희, 《팬덤 3.0》, 스리체어스, 2019.

조위, 《우리는 왜 임영웅을 사랑하는가》, 한스미디어, 2023.

헨리 젠킨스, 《컨버전스 컬처: 올드 미디어와 뉴 미디어의 충돌》, 비즈앤비즈, 2008.

홍석경, 《BTS 길 위에서》, 어크로스, 2020.

홍종윤, 《팬덤문화》, 커뮤니케이션북스, 2014.

강기춘, "정치판 뛰어든 케이팝 팬들, 트럼프 재선 막힐까?", 머니투데이, 2020.6.23.

굿모닝충청(http://www.goodmorningcc.com)

김진규·정기인, "방탄소년단과 블랙핑크의 노랫말 속 사랑의 의미", 《대중음악》 28호, 2021.

나남뉴스, 2023.6.18.

동아일보, "한국 문화 영토 넓혀온 BTS 10년", 오피니언, 사설, 2023.6.14.

_____, https://sports.donga.com/ent/article/all/20160706/79053174/1

서지안, "[커버스토리-①] 우리의 음악에서 세계의 음악으로, 케이팝 세계의 전반을 들여다보다", 연세춘추, 2023.4.10.

신아일보(http://www.shinailbo.co.kr)

여성조선(http://woman.chosun.com)

유안타증권리서치, "2022 엔터 르네상스의 시작", 2022.

윤수정, "10년 전 LA서 공연전단 돌리던 흙수저 그룹, 팝의 흐름을 바꿨다", 조선일보, 2023.6.13.

조유빈, "BTS와 아미는 세상을 어떻게 바꿨나", 시사저널(http://www.sisajournal.com), 2022.7.22.

콘텐츠진흥원, "2024 음악이용자 조사"

톱스타뉴스(https://www.topstarnews.net)

IT조선(https://it.chosun.com)